AF389870

ANNUAIRE

D'HERCULE,

ET

LE VOEU DES DIEUX.

CONTENANT

Plus de cinq cents faits militaires, civils et politiques, depuis 1796, avec une conférence des Dieux, présidée par Jupiter, accompagné d'Apollon et des Muses.

DÉDIÉ A L'ARMÉE FRANÇAISE.

PAR M. LECOMTE,

Auteur de plusieurs ouvrages littéraires.

SECONDE ÉDITION.

❋

A PARIS.

Chez TIGER, Imprimeur-Libraire, rue du Petit-Pont, n. 10.
Et chez Le Normand, Imprimeur-Libraire, rue de Seine, n. 8. près le Pont-des-Arts.

A L'ARMÉE FRANÇAISE.

HEROS de tous les grades, de toutes les classes, et de tous les âges ; j'ai l'honneur de vous offrir un petit ouvrage intitulé : ANNUAIRE D'HERCULE *et* LE VOEU DES DIEUX.

Vrais Français, vous êtes animés d'un esprit national : sans vous des légions étrangères auroient envahi notre territoire : sans vous, elles auroient déchiré notre Patrie : sans vous, enfin, elles en auroient partagé les lambeaux.

A 2

Héros de tous les grades, par vous, le Citadin a été tranquile dans ses foyers ; sa maison n'a pas été pillée, sa propriété est restée intacte ; par vous, enfin, l'ordre social n'a pas été troublé.

Mais, avant d'être sous les armes, vous êtes Français ; en combattant ces légions étrangères, vous avez défendu votre patrimoine : vous avez assuré l'existence de vos proches.

En combattant ces légions, vous prouvez à l'Univers que vous êtes dignes de cette saine liberté que vous avez conquise au prix de votre sang,

(v)

Quand votre bras vengeur, atteindra-t-il ce Cabinet qui s'est rendu le fléau de l'univers!!

Le Chef Auguste qui vous commande, a déjà, par sa tactique, son génie et votre bravoure, vaincu de nombreux ennemis ; de même, il anéantira les éternels ennemis du Continent (1).

Héros de tous les grades, sur vous reposent les destinées de l'Empire Français : le vrai citadin admire vos exploits : il

-----

(1) Paroles de l'Empereur Napoléon dans sa proclamation à l'armée, datée de Schœnbrunn, le 6 nivôse an XIV. (27 décembre 1805.)

A 3

apprécie vos peines et vos fatigues : puissiez-vous accueillir ce recueil de vos travaux immortels, que vous offre, avec respect.

Votre dévoué Serviteur,

LECOMTE.

AVIS PRÉLIMINAIRE.

L ES faits d'Hercule se divisent et subdivisent en autant de portions d'autorités, que le Héros délègue, soit à ses Lieutenans, soit à ses Agens civils, politiques et diplomatiques.

En effet, quelque fût la force et la puissance d'Hercule, eût-il pu lutter, constamment, contre la Discorde ? eût-il pu exécuter des travaux aussi nombreux et aussi pénibles ? s'il n'eût entourré ses vastes États de voisins amis et fidèles ; s'il n'eût été secondé par le zèle et le dévouement de quelques milliers de braves, au milieu des camps ; et de quelques Savans, au sein du cabinet. Si, enfin, il n'eût su attacher à son char les jaloux de sa gloire , et maintenir les ennemis de l'ordre public ?

Mais, disons plus, et n'en doutons pas; le précieux talent d'Hercule fut toujours de fixer, de connoître et de juger celui capable de servir, utilement, l'État.

Avec ce tact, avec un génie

supérieur ; avec une activité sans bornes : on doit surmonter tous les obstacles ; on doit vaincre ses ennemis ; on doit être admiré des Souverains et des Peuples de l'Univers.

Ainsi, ce petit ouvrage contient une série de faits mémorables ! Si les circonstances en ont fait naître quelques - uns auxquels Hercule n'a eu d'autre part, que celle d'avoir su en profiter ; on doit les attribuer à la volonté des Dieux, qui, tous, se sont réunis pour le combler de leurs dons, pour le rendre immortel, et pour le faire jouir d'une paix durable ; seule récompense digne de son cœur, et de ses illustres travaux.

Explication de la Gravure.

Jupiter, sur le sommet de l'Olympe, accompagné d'Apollon, de Minerve et des Muses, prend l'Empire françois sous sa protection. Mars et Hercule descendent des Cieux pour exécuter les ordres de Jupiter. L'un commande ses nombreuses Légions, l'autre chasse la Discorde, et la menace de l'écraser, si elle ose reparoître sur le territoire de l'Empire.

ANNUAIRE D'HERCULE

ET

LE VOEU DES DIEUX.

« Le seul éloge possible, le seul digne de
» NAPOLÉON, c'est l'histoire la plus simple
» de son règne ; c'est le récit le plus nu de
» ce qu'il a voulu et de ce qu'il a exécuté.
   » Des causes, des moyens et des effets :
» des intentions et des résultats ».

MURAIRE. 22 Juillet 1807.

NAPOLÉON BONAPARTE,
Empereur des Français, Roi d'Italie,
Protecteur de la Confédération du
Rhin, Médiateur des Cantons Suisses,
né à Ajaccio, le 15 août 1769.

Faits Civils et Militaires.

Année 1793

Décembre (19). Reprise de Toulon
par les Français ; BONAPARTE y
commande en chef l'artillerie :
il est fait général de brigade
sur le champ de bataille, par
le général DUGOMMIER :

1795.

Octobre (10). Bonaparte est nommé général en second de l'armée de l'intérieur, à Paris.

1796.

Mars (31). Arrivée de Bonaparte à Nice, pour prendre le commandement en chef de l'armée d'Italie.

1796.

Avril (11). Bataille de Monte-notte.

(14). Bataille de Millésimo.

(15). Bataille de Dégo.

(21). Bataille de Mondovi.

Mai (5). Prise de Tortone.

(9). Passage du Pô.

(10). Bataille de Lodi.

(11). Prise de Crémone et de Pitzigthone.

(14). Prise de Novi.

(15). Traité de paix entre la France et le Roi de Sardaigne, par le succès des armes du Général Bonaparte.

(29). Prise de Peschierra.

Juin (1er). Prise de Vérone.

(6). Objets des sciences et des arts, conquis en Italie, envoyés par le Général Bonaparte, à Paris.

(19). Prise du Duché d'Urbin et de la ville de Bologne.

(28) Prise de Livourne.

Août (3). Bataille de Lonado.

(5). Bataille de Castiglione.

(24). Prise de Porgo-Forté, et de Governolo.

Septembre (4). Bataille de Roveredo.

(5). Prise de Trente.

Octobre (8). Prise de Modène.

Novembre (15). Bataille d'Arcole.

Décembre (25). Prise du Château de Bergame.

1797.

Janvier (13). Bataille de Rivoli.

(16). Bataille de la Favorite.

(14)

Fevrier (1er). Prise d'Ancone, de Faenza et de Forli.

(2). Prise de Mantoue.

(19). Traité de paix avec le Pape Pie VI, dicté par le Général Bonaparte.

Mars (16). Prise de Gradisca.

(16). Passage du Tagliamento.

(20). Combats de Tramin, de Clausen et du Lavis.

(21). Prise de Goritz.

(22). Prise de Trieste.

(25). Combats de la Chiusa et de Tarvis.

Avril (7). Suspension d'armes, entre le Général Bonaparte et le Prince Charles d'Autriche.

(20). Préliminaire de paix entre l'Empereur d'Allemagne, et le Général Bonaparte.

Mai (6). Le Gouvernement de la République de Venise est anéanti.

Juin (11). Installation du directoire de la République Cisalpine, par le Général Bonaparte.

Juillet (31). Réunion de la Romagne, du Ferrarois et du Boulonnois, à la République Cisalpine.

Août (15). Les états de Gênes prennent le nom de *République Ligurienne*.

(16). Bataille de S.-Georges.

Octobre (17). Traité de Campo-Formio.

(22). Réunion de la Valteline à la République Cisalpine.

(26). Bonaparte nommé Général en chef de l'armée d'Angleterre.

Novembre (15). Bonaparte ministre plénipotentiaire au congrès de Rastadt.

(15). Réunion du gouvernement de Brescia à la République Cisalpine.

Décembre (5). Arrivé du Général Bonaparte à Paris.

(25). Bonaparte est élu membre de l'Institut, en France.

1798.

Février (10). Bonaparte part pour Dunkerque, et fait la visite des côtes.

Avril (2). Bonaparte de retour à Paris, part pour Brest.

Mai (19). Il part de Toulon pour l'Égypte.

Juin (12). Il prend possession de Malthe.

(20). Il quitte l'ile de Malthe.

Juillet (1er). Il arrive en Égypte.

(2). Prise d'Alexandrie.

(13). Victoire importante remportée sur les Mamelucs.

(23). Prise du Caire.

Août (2). Combat naval d'Aboukir.

Septembre (6). Convocation d'une assemblée des notables en Égypte.

Décembre (21). Le Divan du Caire est rétabli par le Général Bonaparte.

1799.

Février (25). Prise de Gaza, en Égypte.

Mars (6). Prise de Jaffa en Palestine.

(7). Le Général Bonaparte visite avec autant de courage que d'humanité, les malades pestiférés à l'hôpital de Jaffa, et touche leurs plaies , pour les tranquiliser.

Avril (8). Bataille de Nazareth.

(18). Bataille du Mont-Tabor.

(26). Commencement du siège d'Acre.

Mai (21). Levée de ce siège.

Juillet (25). Bataille d'Aboukir.

(31). Prise de cette place.

Octobre (9). Le Général Bonaparte débarque à Fréjus.

(16). Il arrive à Paris.

Novembre (9). Journée mémorable du 18 Brumaire an VIII.

(10). Création d'un Consulat provisoire. Bonaparte Premier Consul provisoire.

Annuaire.   B

Décembre (13). Constitution de l'an VIII, par laquelle Bonaparte est élu *premier Consul.*

1800.

Janvier (16). Plusieurs départemens de l'Ouest et des côtes du Nord, sont mis hors la Constitution.

Février (4). Ces départemens reconnoissent la constitution Consulaire, et sont pacifiés.

(7). Le peuple Français accepte la constitution Consulaire.

Mars (21). Passage du Mont Saint-Bernard par le Ier. Consul (1).

(22). Prise de Suze et de Verceille.

---

(1) Les premiers six mois du Consulat sont employés à réorganiser le Gouvernement, et à former une armée de réserve pour reconquérir toute l'Italie que les Français avoient perdue pendant la campagne du Général Bonaparte en Égypte.

Mai (29). Reprise de Nice.

Juin (2). Entrée triomphante du
Ier. Consul à Milan.

(3). Prise de Pavie.

(6). Prise de Brescia.

(7). Prise de Plaisance.

(9). Prise de Crémone.

(9). Bataille de Montebello.

(14). Bataille de Marengo.

Juillet (15). Armistice accordée
par le Premier Consul aux
troupes Autrichiennes.

(20). Armistice entre le premier
Consul et le Dey d'Alger.

Août (27). Armistice entre le Ier.
Consul et le Dey de Tunis.

Septembre (1er). Rupture de l'armistice du 15 de Juillet, avec
l'Empereur d'Allemagne.

(30). Traité de paix avec le Dey
d'Alger.

Octobre (1er). Traité d'union entre
la France et les États-Unis
d'Amérique.

Décembre (3). Bataille d'Hohelinden.

1801.

Février (9). Traité de Lunéville entre le 1er. Consul et l'Empereur d'Allemagne.

(18). Armistice entre le premier Consul et le roi de Naples.

(21). Fondation de deux hospices par le Ier. Consul, l'un sur le Simplon, et l'autre, sur le mont Saint-Bernard.

(28). Traité de paix entre le Roi de Naples et le Ier. Consul

Mars (21). L'Infant duc de Parme est élu roi d'Étrurie.

Juillet (15). Concordat entre le Premier Consul et la Cour de Rome (ou le Pape Pie VII).

Août (23). Traité de paix entre le Premier Consul et l'Électeur de Bavière.

Septembre (29). Traité de paix entre le Ier. Consul et la Cour de Portugal.

Octobre (1er). Préliminaires de paix entre le Ier. Consul et le Roi d'Angleterre.

(21)

(9). Préliminaires de paix entre
le Ier. Consul et la Sublime-
Porte.

Octobre (11). Traité de paix entre
le Ier. Consul et l'Empereur
des Russies.

Novembre (12). Convocation d'une
Consulte de la République
Cisalpine à Lyon.

1802.

Janvier (26). La République Cisalpine prend le nom de *République Italienne*, et le 1er.
Consul en est proclamé le
Président.

Février (25). Traité de paix entre
le Ier. Consul et la Régence
de Tunis.

Mars (25). Traité d'Amiens entre
le Ier. Consul et le Roi d'Angleterre.

Avril (18). Cérémonie religieuse
à Notre Dame de Paris, où
se rend le Ier. Consul, en
actions de grâces du Traité

d'Amiens et de la signature du Concordat qui rétablit la religion en France.

(26). Amnistie générale pour faits d'émigration.

Mai (8). Le Ier. Consul est élu pour dix ans de plus dans la-dite Dignité.

(19). Création de la Légion d'Honneur.

Juin (25). Traité de paix entre le Premier Consul et la Sublime Porte.

Août (2). Napoléon Bonaparte est proclamé *Premier Consul à vie.*

(21). Réunion de l'ile d'Elbe à la France.

Septembre (11). Réunion du Piémont à la France.

Octobre (9). Les duchés de Parme et de Plaisance passent sous les ordres du Gouvernement Français.

(28). Le Premier Consul est proclamé le Restaurateur de la République du Vallois,

(25)

1803.

Janvier (4). Création de Sénato-
reries.

(23). L'institut est organisé et
divisé en quatre classes aca-
démiques.

Février (19). Médiation des cantons Suisses par le 1er. Consul.

Mars (10). Rétablissement du doc-
torat pour les médecins et
chirurgiens.

Avril (18). Fixation du diamètre
des pièces d'or et d'argent.

(27). Règlement qui fixe les in-
demnités des princes d'Allemagne.

Juin (5). Conquête du Hanovre.

Septembre. Concordat entre la
Cour de Rome et la France
pour le Royaume d'Italie.

Octobre (1er). Traité d'alliance
entre la France et la République Helvétique.

(15). Organisation du dépôt de
la Guerre.

1804.

Février (25). Création de la Régie des Droits réunis.

Mars (21). Loi complémentaire qui réunit en un seul corps, toutes celles qui forment le *Code Civil*.

Mai (18). Sénatus Consulte qui proclame Napoléon Bonaparte Empereur des Français.

(19). Création de dix-huit maréchaux d'empire.

Juillet (10). Fixation du sceau de l'État.

Août (6). Rétablissement des missions étrangères.

Septembre (11). Fondation des prix décennaux.

Novembre (6). Sénatus Consulte qui, d'après la vérification des vôtes du peuple Français, proclame l'hérédité de la dignité Impériale dans la famille légitime ou adoptive de l'Empereur Napoléon.

Décembre (2). Sacre et Couronnement à Paris de l'Empereur
Napoléon et de l'impéra-
trice Joséphine, par le
Pape Pie VII.

1805.

Février (1er). Le Maréchal Murat,
élevé à la dignité de *Prince*.

Mars (15). Napoléon Ier., proclamé Roi d'Italie.

(18). La Princesse Éliza, sœur
de l'Empereur est proclamée
Princesse de Piombino.

Mai (26). Couronnement de Napoléon à Milan, comme Roi
d'Italie.

Juin (4). Réunion de la République
Ligurienne (États de Gênes),
à la France.

(7). Le Prince Eugène est proclamé Vice-Roi d'Italie.

(7). Création de l'ordre de la
Couronne de Fer.

(24). Réunion de la République
de Lucques à la principauté
de Piombino.

Annuaire.   C

Juillet (21). Réunion des duchés de Parme, Plaisance et Guastalla à la France.

Septembre (9). Rétablissement du calendrier Grégorien en France.

(21). Traité de neutralité entre la France et le Roi de Naples.

(23). L'Empereur Napoléon déclare au Sénat qu'il part pour l'Allemagne, pour se mettre à la tête de son armée.

Octobre (1er). Napoléon passe le Rhin.

(8) Combat de Wertingen.

(9). Combat de Gunzbourg.

(12) Entrée triomphante des Français à Murich.

(14). Combat de Memingen.

(18). Capitulation de Ulm.

(18). Lettre de Napoléon aux Evêques de France, en actions de graces, sur le succès de ses armes.

(30). Entrée triomphante des Français à Brannau.

Novembre (5). Entrée des Français à Lintz.

(7). Entrée des Français à Inspruck.

(11). Combat de Diernnestein.

(13). Entrée triomphante de l'Empereur NAPOLÉON à Vienne.

(16). Combat d'Insterdorff.

(18). Entrée des Français à Bruun, capitale de la Moravie.

(20). L'Empereur Napoléon entre dans cette capitale.

(24). Combat de Bassano, en Italie, dans lequel le Prince de Rhoan est fait prisonnier.

Décembre (2). Bataille d'Austerlitz.

(5). Entrevue des Empereurs de France et d'Allemagne.

(6). Armistice entre ces deux Souverains.

(26). Traité de Presbourg entre l'Empereur Napoléon et l'Empereur François II, par lequel les Électeurs de Bavière et de Wurtemberg ont titre de Roi.

(27). L'Empereur Napoléon déclare que la Cour de Naples a cessé de régner, pour avoir reçu dans ses ports, les ennemis de la France, et par conséquent violé le traité de neutralité du 21 Septembre précédent.

1806.

Janvier (12). L'Empereur Napoléon adopte le Prince Eugène pour son fils, à défaut d'enfants légitimes ou naturels.

(13). Mariage du Prince Eugène avec la Princesse de Bavière.

(29). Proclamation du Prince Eugène, pour la réunion des États Vénitiens, au Royaume d'Italie; d'après les bâses établies par le traité de Presbourg.

Février (15). Entrée triomphante
du Prince Joseph à Naples.

(16). Statut constitutionnel du
Royaume d'Italie, qui reconnoît le Prince Eugène pour
héritier de l'Empereur Napoléon, au trône d'Italie.

(19). La fête de Saint-Napoléon
doit être célébrée annuelle-
ment le 15 août avec solem-
nité, en actions de graces du
rétablissement de la Religion
en France.

(19). Une fête solemnelle doit
être célébrée le 2 décembre
de chaque année, pour l'anniversaire du Couronnement
et de la bataille d'Austerlitz.

(20). Rétablissement de l'église
de Saint-Denis, pour la sépulture des Empereurs de
France, de leur famille ; et,
création de trois chapelles
dans ladite église, pour y
placer les noms des Princes
et Rois des trois premières

dynasties, dont les corps ont été exhumés dans les tems de deuil, où la France a été plongée.

Février (20) Le Panthéon (l'église Sainte-Geneviève) est rendue au culte catholique; et dans laquelle on a réservé un caveau pour la sépulture des hommes d'État, et autres grands hommes.

(20). Prise de possession d'Anspach, cédée par le Roi de Prusse à l'Empereur Napoléon.

(21). Le Prince Joseph prend possession de tous les Etats du Royaume de Naples.

(26). Décret pour l'érection de l'arc de triomphe à la grille principale des Thuilleries.

Mars (4). L'Empereur adopte une parente de l'Impératrice, et lui donne le nom de Princesse Stéphanie Napoléon.

(15). L'Empereur donne au Prince Joachim Murat, les duchés de Berg et de Clèves, qui lui ont été cédés par le Roi de Prusse.

(18). Prise de possession de la principauté de Neufchâtel, cédée par le roi de Prusse à l'Empereur Napoléon.

(30). Statut concernant l'état civil de la maison Impériale.

(30). Le Prince Joseph est proclamé Roi de Naples.

(30). La Princesse Pauline, sœur de l'Empereur, est proclamée grande duchesse de Guastalla.

(30). Le Maréchal Berthier est proclamé Prince de Neufchâtel.

(30). Les États de Parme et de Plaisance sont érigés en *grands fiefs*.

(31). Communication officielle au Sénat de la réunion des

États Vénitiens, au Royaume d'Italie.

Avril (1er). L'armée française est mise sur le pied de paix.

(1er). Proclamation du Roi de Prusse portant réunion à ses états de l'électorat de Hannovre , qui lui a été cédé par l'Empereur Napoléon.

(8). La Princesse Stéphanie Napoléon épouse le Prince de Baden.

(20). Manifeste du Roi d'Angleterre contre le Roi de Prusse.

Avril (27). Prise de possession du territoire de la république de Raguse, au nom de la France.

Mai (10). Création d'un *corps enseignant* sous le nom *d'Université Impériale.*

(27). La principauté d'Anspach est cédée par l'Empereur Napoléon au Roi de Bavière.

(27). Le Cardinal Fesch , est choisi par l'Archi-chancelier

de l'Empire d'Allemagne, pour son Coadjuteur.

Juin (5). Le Prince Louis Napoléon est proclamé Roi de Hollande.

(5). Le Ministre Talleyrand est élevé à la dignité de Prince de *Bénevent*.

(5). Le Maréchal Bernadotte est élevé à la dignité de Prince de *Ponte-Corvo*.

Juillet (12). Traité entre la France et les Princes d'Allemagne, connu sous le nom de *Confédération du Rhin*.

(12). L'Empereur Napoléon est le *Protecteur* de cette confédération.

(12). L'Archi-Chancelier de l'Empire, en est déclaré le *Prince Primat*.

(26). Première Assemblée des députés juifs à Paris, convoqués d'après les ordres de l'Empereur Napoléon.

Août (1ᵉʳ). Les Princes d'Allemagne signataires de l'acte *confédératif du Rhin*, déclarent leur vœu et leur décision à la Diète de Ratisbonne.

(7). L'Empereur François II abdique le titre d'Empereur d'Allemagne, et prend celui d'*Empereur d'Autriche*.

Septembre (20) Établissement d'une commission des pétitions au palais des Thuileries.

Octobre (6). Convocation d'un grand San-Hédrin à Paris.

(7). L'Empereur Napoléon déclare au Sénat la nécessité dans laquelle il se trouve d'entrer en guerre avec le Roi de Prusse.

(10). Combat de Saalfeld, mort du Prince Louis de Prusse.

(12). L'Empereur Napoléon écrit au Roi de Prusse, pour ramener son cabinet à des sentimens pacifiques.

(14). Célèbre bataille d'Jena.

(16). Capitulation de la place d'Erfurtt.

(18). Combat de Halle.

(25). Capitulation de la forteresse de Spandau.

(26). Combat de Zelsdernick.

(27). Entrée triomphante de l'Empereur Napoléon a Berlin.

(28). Combat de Preutzlow.

(29). Prise de Stetin.

Novembre (2). Prise de Custrin.

(6). Prise de Lubeck.

(7). Prise de Magdebourg.

(8). Prise de Posen.

(20). Capitulation de la place de Hameln.

(21). Les îles Britanniques sont déclarées en état de blocus.

(25). Capitulation de Nieubourg.

(28). Entrée triomphante des Français à Varsovie.

Décembre (2). Monument (temple de la gloire) élevé sur le

terrain de la Magdelaine à Paris.

(3). Prise de Glogau.

(11). Traité de paix entre l'Empereur Napoléon et l'Électeur de Saxe, ce Prince est élevé à la dignité de Roi.

(15). Les Princes de Saxe se déclarent membres de la confédération du Rhin.

(19). Entrée solemnelle de l'Empereur Napoléon à Varsovie.

(23). Combat de Czarnovo.

(24). Combat de Nissield.

(25). Combat de Puttuck et de Golymin.

1807.

Janvier (8). Prise de Breslau.

(11). Prise de Brieg.

Février (3). Combat de Bergfried.

(7). Combat de Hoff.

(7). Capitulation de la place de Selsweidnitz.

(10). Bataille d'Eylau.

(19). Combat d'Ostrolenka.

Mars (9). Clôture du grand San-
Hédrin à Paris.

Mai (15). Combat de Weischelmunde.

(20). Capitulation de Dantzick.

(28). Le Maréchal Lefévre élevé
à la dignité de duc de Dantzick.

(31). Capitulation de Neiss.

Juin (1er). Entrée de l'Empereur
Napoléon à Dantzick.

(5). Combat de Spanden.

(5). Combat de Lomitten.

(6). Combat de Domitten.

(14). Bataille célèbre de Friedland.

(15). Entrée des Français à Kœ-
nisberg.

(19). Capitulation de Glatz.

(21). Armistice entre les Empereurs Napoléon et Alexandre.

(25). Entrevue de ces deux Souverains sur le Niemen.

(26). Réunion de ces Monarques
avec le Roi de Prusse.

Juillet (8). Traité de Tilsitt entre l'Empereur Napoléon et l'Empereur Alexandre ; par ce traité l'Électeur de Saxe est reconnu *Roi de Saxe* et *grand Duc de Varsovie* : le Prince Jérôme Napoléon est également reconnu *Roi de Westphalie.*

(9). Traité de Tilsitt entre l'Empereur Napoléon et le Roi de Prusse.

Août. Le Prince de Neufchâtel est nommé *Vice-Grand-Connétable.*

Le Prince Bénevent est *Vice-Grand-Électeur.*

(14). Réunion de la République de Raguse au Royaume d'Italie.

(15). Grande cérémonie religieuse à Notre-Dame de Paris, où l'Empereur Napoléon se rend, en actions de grâces de la paix de Tilsitt.

(18). Supression du Tribunat.

(25). Le Prince Jérôme Napoléon épouse une Princesse de Wurtemberg.

Septembre (3). Le Code Civil prend le nom de *Code Napoléon*.

(16). Création d'une cour des comptes.

(30). Le Prince des Asturies est accusé d'une conspiration contre le Roi d'Espagne son père, au palais de l'Escurial.

Octobre (12). Sénatus Consulte pour une nouvelle organisation de l'ordre judiciaire en France.

(30). Le Prince des Asturies s'avoue coupable, et demande pardon au Roi son père.

Novembre (5). Le Roi d'Espagne pardonne au Prince des Asturies.

(29). Le Prince de Portugal quitte ses états, et va au Brésil.

(30). Entrée des Français à Lisbonne.

Décembre (20). Le Prince Eugène
Napoléon reçoit le titre de
Prince de Venise.

2(2). La Princesse Joséphine
sœur de l'Empereur, reçoit
le titre de Princesse de Bologne.

(20) Le Chancelier (Melzy) du
Royaume d'Italie, reçoit le
titre de *Duc de Lodi.*

1808.

Janvier (1er). Code de commerce.
(21). Les villes et forts de *Kell,
Wesel, Flessingue* et *Cassel*
sont réunies à l'Empire Français.

Fevrier (2). Création de la dignité
de Gouverneur général des
départemens au − delà des
Alpes.
(15). Le Prince Borghèse est
titulaire de cette dignité.

Mars (1er). Création de titres Impériaux, *Ducs*, *Comtes*, *Barons* et *Chevaliers*.

(9). Le Prince de Neufchâtel épouse une Princesse de Bavière.

(15). Nouvelle conjuration contre le Roi d'Espagne, au palais d'Arranjuez.

(16). Le Prince de la Paix est insulté et maltraité par les conjurés.

(17). Organisation générale de l'Université en France.

(19). Charles IV Roi d'Espagne abdique le titre de Roi.

(20). Le Prince des Asturies est proclamé Roi.

(21). Lettre du Roi Charles IV à l'Empereur Napoléon, dans laquelle il proteste contre son abdication, qu'il déclare *forcée*.

(24). Entrée du Prince Joachim et d'un corps de troupes françaises à Madrid.

Annuaire.   D

Avril (15). Arrivé de l'Empereur Napoléon à Bayonne.

(21). Le Prince des Asturies arrive à Bayonne.

(30). Le Roi d'Espagne , la Reine et le Prince de la Paix, arrivent à Bayonne.

(30). Entrevue du Roi Charles avec l'Empereur-Napoléon.

Mai (2) Soulèvement du peuple de Madrid. L'ordre se rétablit par la force des armes françaises.

(5). Le Roi Charles IV, Roi d'Espagne, cède ses états à l'Empereur Napoléon.

(6). Le Prince des Asturies abdique le titre de Roi qu'il a eu pendant quelques jours.

(6). Le Prince des Asturies donne avis à la Junte suprême de Madrid, de son abdication.

(10). Le Prince des Asturies et autres princes d'Espagne, cèdent leurs droits héréditaires à l'Empereur Napoléon.

(24). Sénatus consulte qui réunit la Toscane (Royaume d'Etrurie) à l'Empire Français.

(24). Les duchés de Parme et de Plaisance sont réunies à l'Empire Français.

(25). Convocation des notables d'Espagne.

(25). Commencement des troubles d'Espagne.

Juin (6). Le Prince Joseph Napoléon (Roi de Naples) est proclamé Roi des Espagnes et des Indes

(15). Première assemblée de la Junte espagnole à Bayonne.

(18). Serment des députés à la Junte, au nouveau Roi.

Juillet (5). Établissement d'une maison par chaque département, pour l'extinction de la mendicité (en France).

(6). Nouvelle constitution du Royaume d'Espagne.

(7). Les députés à la Junte de Bayonne, acceptent cette

constitution et jurent de la maintenir et faire exécuter.

(20). Entrée solemnelle du Roi Don Joseph Napoléon à Madrid.

Août (1er). Le Prince Joachim, grand Duc de Berg, est proclamé Roi des deux Siciles, en place du Roi Don Joseph.

(30). Convention honorable pour les Français, qui évacuent le Portugal.

Septembre (4). Communication officielle au Sénat, de la cession du Royaume d'Espagne.

(19). Convocation d'un synode à Zara, et règlement relatif à la religion Grecque dans la Dalmatie.

(27). Entrevue des Empereurs Napoléon et Alexandre à Erfurtt.

Octobre (12). Lettre pacifique de ces deux Souverains, au Roi d'Angleterre.

(29). Départ de l'Empereur Napoléon pour l'Espagne.

Novembre (7). Combat de Guesnes.

(8). Combat de Valmacéda.

(10). Combat de Gaménal.

(10). Combat de Burgos.

(10). Combat d'Espinosa et de la Reyna.

(12). Dix grands d'Espagne qui étoient membres de la Junte de Bayonne , sont déclarés parjures et traitres; ils doivent être punis de mort, s'ils sont arrêtés.

(12). Lettre de l'Empereur Napoléon au Corps Législatif, par laquelle il lui envoye 12 drapeaux conquis au combat de Burgos.

(16). Combat de Saint-Ander.

(18). Siéges de Roses.

Décembre (3). Combat sous les murs de Madrid.

(4). Capitulation de Madrid.

(4). Entrée triomphante des Français dans cette capitale.

(4). Les membres du conseil de

Castille sont déclarés traitres et indignes d'être les magistrats d'une grande nation.

(4). Le tribunal de l'inquisition en Espagne, est supprimé.

(4). Suppression des droits féodaux en Espagne.

(4). Suppression des deux tiers des couvents en Espagne.

(5). Reddition de Roses.

(7). Lettre de l'Emp. Napoléon aux évêques de France, en actions de graces sur le succès de ses armes, en Espagne.

(8). Combat de Santacrux.

(11). Combat de Talaveira de la Reina.

(12). Toute espèce de servage dans le grand duché de Berg et de Clèves, est supprimé.

(15). Les habitans de Madrid sollicitent vivement la rentrée du Roi Don Joseph dans la capitale, et lui prêtent le serment de fidélité.

(16). Le sieur Stein, seigneur

Prussien est déclaré ennemi de la France , les biens qu'il a sur le territoire de la Confédération du Rhin , et dans les états des alliés de l'Empire Français, sont séquestrés.
(24). Combat de Benavente.

1809.

Janvier (1er). Siége de Saragosse.
(15). Un commissaire spécial est chargé de vérifier les comptes de la caisse Lafarge.
(17) Combat de Villa-Franca en Espagne.
(17). Les Anglais après un combat sanglant à la Corogne, en Espagne, s'embarquent précipitamment après avoir perdu leur général en chef (Moore).
(23).L'Emp.Napoléon de retour d'Espagne , arrive à Paris.
Février (12). Fixation des armes de la couronne d'Espagne.
(22). Prestation de serment d'un grand nombre d'auto-

rités d'Espagne, au Roi Don Joseph.

(21). Prise de Saragosse après un siége opiniâtre de 53 jours.

Mars (3). La Princesse Éliza sœur de l'Emp. Napol., est proclamée gr. Duchesse de Toscane.

(3). Le Prince Napoléon Louis, fils du Roi de Hollande, est proclamé grand Duc de Berg et de Clèves.

(27). Manifeste et déclaration de guerre de l'Emp. d'Autriche, contre l'Emp. Napoléon.

(28). Création d'une école militaire spéciale à Saint-Germain en Laie.

(31). Suppression de toutes distinctions entre les classes hautes et petites bourgeoisie et celles de paysans dans le duché de Berg et de Clèves.

Avril (1er). La caisse Lafarge est régie par trois administrateurs choisis par le Préfet du département de la Seine.

(13). Départ de l'Empereur Napoléon pour l'Allemagne.

(15). Communication officielle au Sénat, de la guerre entre la France et l'Autriche.

(20). Conspiration contre le Roi de Westphalie, le colonel de sa garde est reconnu pour le chef des conjurés.

(21). Combat de Landshult.

(22). Bataille d'Eckmulh.

(23). Bataille de Ratisbonne.

(24). Suppression de l'ordre Teutonique dans les états de la Confédération du Rhin.

(25). Combat de Neumarck.

Mai (11). Combat opiniâtre sous les murs de Vienne.

(12). Capitulation de cette ville.

(12). Entrée triomphante de l'Empereur Napoléon dans cette capitale.

(12). Lettre de ce Souverain aux évêques de France, en actions de graces pour le succès de ses armes.

Annuaire.   E

(17). Concession d'armoiries pour les villes, communes, corporations, etc.

(17). Les états du Pape sont réunis à l'Empire Français : la ville de Rome est déclarée *ville Impériale* : les états Romains sont gouvernés par une consulte d'état, jusqu'au 1er. Avril 1810.

(18). Prise de Trieste et du port par l'armée d'Italie.

(21). Combat de Gorpich en Autriche.

(22). Bataille meurtrière d'Essling.

(26). Réunion de l'armée d'Italie à la gr armée d'Allemagne.

(31). Schill, major Prussien, chef de parti, à la tête d'un corps armé contre les Français, est tué dans un combat meurtrier à Stralsund.

Juin (2). L'Archiduc Ferdinand d'Autriche, évacue Varsovie, dont il s'étoit emparé.

(7). Combat de Clagenfurt, en Allemagne.

(14). Bataille de Raab, en Hongrie.

(22). Capitulation de la forteresse de Raab.

Juillet 5. Combat sanglant d'Enzerfdorff.

(6. Bataille célèbre de Wagram.

(12. Suspension d'armes entre l'Empereur Napoléon, et l'Empereur d'Autriche, où *armistice de Znaim.*

(13). Lettre de l'Empereur Napoléon aux évèques de France, à l'occasion de la bataille de Wagram

(15). Entrée triomphante des Français à Cracovie.

(30) Débarquement des Anglais dans l'ile de Walcheren.

(31). Le lieut.-gén. Bruce, livre le fort de Bath, aux Anglais.

Août (15). Le général Monnet capitule, et livre Flessingue aux Anglais.

E 2

(15). Décret de Munificence de l'Empereur Napoléon, en faveur des militaires blessés aux Batailles de *Taunn*, d'*Arunsberg*, d'*Eckmulh*, *Ratisbonne*, *Essling* et *Wagram*.

(15). Ordre d'élever un obélisque de cent quatre-vingt pieds, sur le *terre-plein* du Pont - Neuf, à Paris, à la gloire du Peuple Français.

(15). Le Prince de Neufchâtel est revêtu de la dignité de *Prince de Wagram*. Le château de Chambord est érigé en principauté de ce nom.

(15). Le château de Brulh, est érigé en *principauté d'Eckmulh*; le Duc d'Auerstaedt est Prince d'Eckmulh.

(15). Le château de Thouars est érigé en *principauté d'Essling*; et la dignité de Prince de ce nom, est donnée au Duc de Rivoli.

Septembre (7). Ordre donné au

Ministre de la Guerre, de faire une enquête sur la conduite du général Monnet qui a livré Flessingue aux Anglais.

Octobre (14). Traité de Vienne, entre l'Empereur Napoléon et l'Empereur d'Autriche, ratifié par ce souverain le 20 dudit mois.

(26). Convention additionnelle au traité de Vienne, relative à l'évacuation des troupes françaises, des provinces d'Allemagne, signée par le comte Dumas et le baron de Strauch, ratifiée par le prince de Neufchatel et de Wagram, et par le comte de Wurbna et le général Mayer.

Novembre (25). Le Conseil d'enquête, sur la reddition de Flessingue, déclare le général Monnet *coupable de lâcheté ou de trahison.*

Décembre (5). L'Empereur Napoléon va à Notre-Dame de

Paris en actions de graces du traité de Vienne et de l'anniversaire de son 'couronnement; l'Impératrice, la Reine de Hollande , la Princesse Borghèse, les Rois de Naples, de Westphalie, de Saxe et de Wurtemberg assistent à cette auguste cérémonie.

(3). L'Empereur Napoléon, accompagné de ces illustres personnages , fait l'ouverture solennelle de la session du Corps Législatif pour l'an 1809.

(15). Projet de sénatus consulte, signé par l'Empereur Napoléon, l'Impératrice Joséphine, les Princes et Princesses de la Famille Impériale , relatif au mariage de l'Empereur.

(16). Sénatus consulte qui , d'après le vœu de l'Empereur et de l'Impératrice , déclare la dissolution de leur mariage.

1810.

Janvier (1er). Les statues de huit Généraux (*), morts dans divers combats, seront placées sur le pont de la Concorde.

(1er). Quatre bataillons, composés des gardes nationales qui ont volé à la défense des côtes, en 1809, seront formés et réunis à la Garde impériale.

(6). Traité de paix entre la France et la Suède.

(9). Sentence de l'Officialité qui Déclare valide, quant au lien spirituel, la dissolution du mariage de l'Empereur Napoléon avec l'Impératrice Joséphine.

(*) *Saint-Hilaire, Espagne; Lasalle; Lapiste; Cervoni; Lacour; Hervo* et *Colbert.*

* E 4

(14). Réunion du Hanôvre au royaume de Westphalie.

(22). Soixante-six drapeaux, pris aux insurgés espagnols, sont présentés au Corps Législatif, de la part de l'Empereur Napoléon.

(22). Clôture de la session du Corps Législatif, pour l'an 1809.

(26). Entrée triomphante du roi Dom Joseph Napoléon, dans la ville de Cordoue.

(26). Entrée triomphante des François à Grenade.

Février (1er). L'île de Walcheren Est réunie à l'Empire français.

(5). Création d'une place de Directeur général de l'imprimerie et de la librairie.

(7). Convention de mariage entre l'Empereur Napoléon et l'Archiduchesse MARIE-LOUISE.

(27). Message de l'Empereur Napoléon au Sénat , qui lui annonce le départ du prince de Neufchâtel et de Wagram pour Vienne , à l'effet de faire la demande de S. A. I. l'Archiduchesse Marie – Louise d'Autriche.

(28). Traité entre l'Empereur Napoléon et le Roi de Bavière, relatif à la cession d'une partie du Tyrol au royaume d'Italie.

Mars (1er). Les Etats du prince Primat sont érigés en grand duché, sous le nom de *Grand Duché de Francfort* : le prince Primat prend le titre de grand duc de ce nom, et le prince Eugène , Vice – Roi d'Italie, est Grand Duc héréditaire.

(11). L'Archiduc Prince Charles d'Autriche, fondé de pouvoirs de l'Empereur Napoléon , épouse, en son nom, à Vienne, l'archiduchesse Marie-Louise.

(13). Cette Princesse part de Vienne pour la France.

(27). Elle arrive au palais de Compiègne.

Avril (1er). Le mariage civil est célébré au palais de Saint-Cloud.

(2). Les cérémonies religieuses du mariage sont célébrées au palais du Louvre, à Paris.

(22). Soixante militaires sont mariés à Paris (*).

(*) Un Décret impérial du 25 mars accorde une amnistie en faveur des militaires désertés, et ordonne que six mille militaires, en retraite et qui auront fait, au moins, une campagne, seront mariés aux frais du Gouvernement. Les soixante mariés à Paris ont chacun 1200 francs, et ceux des autres communes de l'Empire en ont chacun 600.

(22). Le fort de Matagorda, en avant de Cadix, est pris par les Français.

(23). Le fort d'Astorga, en Espagne, se rend aux Français.

Mai (5). Institution de la Société Maternelle pour les secours à domicile des pauvres femmes en couche, laquelle Société doit être composée de cent dames qui ont un conseil général à Paris, présidé par S. M. l'Impératrice.

(12). Prise du fort d'Hostalrich, en Espagne.

(28). Mort subite du prince Royal de Suède.

Juin (3). Le Roi de Hollande abdique la royauté.

(3). Les marins déserteurs sont admis à profiter de l'amnistie énoncé au décret du 25 mars.

(3). Le Général Savary, duc de Rovigo, est nommé Ministre de la Police générale de l'Empire.

Juillet (6). Honneurs funèbres rendus aux restes du Duc de Montebello, qui sont portés, En grande pompe, au Panthéon, à Paris.

(9). La Hollande est réunie à l'Empire français.

(10). La forteresse de Cindad Rodrigo, en Espagne, se rend aux Français.

(21). Création de six maisons d'Éducation pour de jeunes demoiselles.

Août (15). On voit, pour la première fois, la magnifique Colonne dédiée à la Grande Armée et élevée sur la place Vendôme, à Paris.

(18). Le Roi de Suède propose, aux États généraux du royaume, de choisir pour Prince royal de Suède le Maréchal Bernadotte, Prince de Ponte Corvo.

(22). Le Prince de Ponte Corvo est élu Prince royal de Suède.

(61)

(27). La forteresse d'Alméida, en Portugal, se rend aux Français.

Septembre (26). Proclamation du Roi de Naples à son armée, par laquelle il déclare que l'expédition de la Sicile est ajournée.

(27). Établissement d'Écoles spéciales de marine.

Octobre (1er). Le Prince royal de Suède part de Morfontaine, près Paris, pour se rendre dans ses nouveaux États.

(14). Le Cardinal Maury est nommé Archevêque de Paris.

(14). Ce Prélat prête serment entre les mains de l'Empereur, pendant la messe célébrée dans la chapelle de Fontainebleau, immédiatement après l'évangile.

(14). Le Comte Andréossis est nommé Grand Chancelier de l'ordre des Trois Toisons d'Or.

(14). Le comte Schimmelpenning est nommé Grand Trésorier de l'Ordre des Trois Toisons d'Or.

(14). Le Baron Pasquier est nommé Préfet de Police, à Paris.

(18). Établissement de Cours prévolutes.

(18). Décret organique de la Hollande.

(19). Décret impérial qui ordonne de brûler toutes les marchandises anglaises prohibées, lorsqu'elles auront été saisies.

Novembre (1er). Le Prince Royal de Suède fait son entrée solemnelle à Stockolm.

(4). L'Empereur et l'Impératrice tiennent sur les fonds de baptême, dans la chapelle du palais de Fontainebleau, vingt-cinq enfans de Grands Dignitaires, et de plusieurs Grands Officiers de l'Empire.

(12). L'Empereur Napoléon annonce au Sénat l'heureuse grossesse de l'Impératrice son auguste épouse.

(12). Circulaire aux Évêques de France, relative a des prières pour l'heureuse délivrance de l'Impératrice.

(12). Réunion de la République du Vallais à l'Empire Français.

(14) Le Général de division (César Berthier) en prend possession au nom de Sa Majesté l'Empereur Napoléon.

(18). Nouvelle organisation du Corps impérial des Mines.

(19). Création d'un Tribunal des Douannes, à Anvers.

Décembre (2). Le Sénat, en corps, Choisit le jour de l'Anniversaire du Couronnement pour féliciter l'Empereur et l'Impératrice sur l'annonce qu'il lui a été faite le 12 novembre dernier.

(13). Sénatus consulte qui confirme le Décret impérial relatif à la réunion de la Hollande à l'Empire Français.

(13). Le Duc de Plaisance Architrésorier de l'Empire est nommé gouverneur général des départemens de la Hollande.

(13) Sénatus consulte qui confirme le Décret impérial sur la réunion de la République du Vallais à l'Empire.

(13). Sénatus consulte qui autorise une levée de 120 mille hommes pour la conscription de 1811.

HISTORIQUE

DES FAITS PRÉCÉDENS.

La France entourrée de nombreux ennemis et déchirée dans l'intérieur, par les factions, avoit besoin que les DIEUX voulussent bien s'intéresser a son sort, et que la PROVIDENCE vint à son secours.

Déjà JUPITER avoit armé quelques milliers de héros, qui défendirent leurs frontieres contre une ligue formidable, et qui chassèrent l'ennemi de sur le territoire français.

Mais, tandis que des légions victorieuses se couvroient de gloire, *la Discorde* tenoit son siége anarchique au sein des villes et des campagnes : le fils scelloit de son sang, les fondemens de la République , le père étoit immolé aux fureurs de la tyrannie révolutionnaire.

Dans cet état de choses, JUPITER pensa qu'il devoit confier les destinées de cette belle France , à la force et au courage ; d'abord , MARS fut investi de tous ses pouvoirs :

De nombreuses légions s'amoncellent dans les plaines d'Italie ; les voir et les vaincre c'est pour MARS l'affaire de quelques mois : *Arcole* , *Lodi* , *Milan* , *Mantoue* etc. , sont témoins de la valeur du Héros.

JUPITER suplié d'arrêter la marche du vainqueur, tire MINERVE de son cerveau, et de concert avec MARS , elle dicte le traité de *Campo-Formio.*

Les limites de la France étant fixées (1) la DISCORDE fulmine ;

---

(1) Au fleuve du Rhin.

elle stimule le LÉOPARD, qui devient furieux, et qui détermine NEPTUNE a user de tout son pouvoir pour agiter les puissances Maritimes contre le Pacificateur du continent.

Mais, la Méditerranée fixe les regards du Héros : bientôt *Malthe* tombe en son pouvoir ; bientôt, *Alexandrie*, le *Caire*, *Aboukir* lui ouvrent leurs portes ; bientôt, les rives du Nil s'énorgueillissent de recevoir le Conquérant ; bientôt, enfin, les Égyptiens reconnoissent en lui, un nouveau Prophète.

Mars, au milieu des sables brûlans d'Égypte, apprend que le traité de *Campo-Formio* est violé, que les plaines de l'Italie sont de nouveau le théâtre des passions haineuses, et des vengeances ; que la bataille de *Novi* (1) a été

____

(1) Bataille meurtrière, perdue par les Français, le 15 août 1799, dans laquelle le Général en chef (Joubert) a été tué.

funeste aux Français : que les peuples d'Italie sont victimes de leur patriotisme; qu'enfin, la *Discorde* plane en France, même, au sein du Sénat.

Jupiter, *Mars* et *Minerve* se réunissent : tiennent conseil; ils admettent à leur conférence une petite Amulette (1). « Pars, dit à » *Mars*, le *Dieu* du Ciel et de » la Terre; vas calmer l'inquiétude » des Français, et rétablir les » peuples d'Italie dans tous leurs » droits ».

» Ne crains rien dit Minerve; » ma petite Amulette te suivra » en tous lieux : son talisman te » préservera de tous les dangers ,

_____

(1) Une *Amulette* est représentée avec la tête d'une Minerve, et le corps d'une chouète : elle est armée d'une lame pour attaquer avec vigueur; et elle porte un bouclier qui pare les coups qu'on veut lui porter.

(59)

» tu seras proclamé le Sauveur de
» la France, et le Créateur de
» la nouvelle Italie ».

Cette harangue terminée, Jupiter ordonne à Neptune de recevoir Mars dans son palais : la mer devient calme, les flottes ennemies sont paralysées, Mars aborde le port de *Fréjus*.

Le tems presse, la quarantaine n'est pas exigible, et de fiers coursiers portent le *Héros d'Aboukir* au sein de la capitale.

Que voit Mars, en arrivant à Paris? un grand Empire sans gouvernement : la constitution de l'an III violée par les écarts du 18 fructidor, du 22 floréal et du 30 prairial.

— La République Cisalpine détruite ; les Français expulsés de l'Italie, et les peuples livrés à la plus cruelle anarchie.

« Quoi ! dit Mars aux Français ;
» dans quel état j'ai laissé la
» France, dans quel état je la

» retrouve ! je vous avois laissé
» la paix ; je retrouve la guerre ;
» je vous avois laissé des con-
» quêtes, et l'ennemi presse vos
» frontières ; j'ai laissé vos arse-
» naux garnis, et on n'y trouve pas
» une arme : vos canons ont été
» vendus ; le vol a été érigé en
» système, les ressources de l'état
» sont épuisées ; on a eu recours
» à des moyens vexatoires, ré-
» prouvés par la justice et le bon
» sens ; on a livré le soldat sans
» défense. Où sont-ils les cent
» mille braves que j'ai laissé
» couverts de lauriers ? ils sont
» mort ! ! !... »

Dans un tel état de choses, Mars a besoin de toute sa force et de tout son courage : Minerve et l'Amulette ne le quittent pas ; en vain, dirige-t-on les poignards contre sa personne : en vain, la Discorde veut-elle le frapper ; l'horison très-nébuleux, s'éclaircit, la loi est dictée, et la France reconnoit l'heureuse époque du 18 Brumaire an VIII.

Jupiter, satisfait de l'énergie de Mars, de la sagesse de Minerve, de l'active surveillance de la petite Amulette, les comble de ses bienfaits ; et, s'adressant principalement à Mars : « Désormais lui » dit-il, toi et moi, nous ne fe- » rons qu'un : comme moi, tu » seras le Dieu du Ciel et de la » Terre; comme moi, tu gouver- » neras l'univers ; comme moi, » enfin, tu te métamorphoseras » sous telles formes qu'il te plaira, » pour le soutien des Empires que » tu auras créés, pour le bonheur » des peuples que tu auras régé- » nérés, et pour celui de ceux qui » brigueront l'honneur de vivre » sous tes lois. »

A ces mots, Mars prend la forme d'Hercule ; armé de son énorme massue, il terrasse l'Hydre et chasse la Discorde de ses États, qui va porter à Londres la nou-

velle. de sa honte et de son désespoir.

Mars, sous la figure d'Hercule,
tenant le timon de l'État, rassasié
de triomphes, couvert de lauriers,
offre la paix aux Souverains ligués
contre lui ; mais, sa dignité Consulaire est dédaignée, et ses offres
sont rejettées.

Dans le moment où Hercule
abroge la loi cruelle des otages,
ainsi que celle des *emprunts for-
cés* : dans le moment où il rap-
pelle ces infortunés victimes du
18 fructidor an **V**, il rassemble et
organise de nouvelles légions dans
la ville de Dijon : il forme une
armée de réserve;Bientôt, il gravit
le mont Saint-Bernard ; bientôt,
il n'y a plus d'Alpes; bientôt, les
forteresses tombent à ses pieds;
bientôt, les peuples reçoivent avec
enthousiasme, le Héros de l'Italie;
bientôt, enfin, le gouvernement
de la République Cisalpine est
rétabli ; et si pendant un mo-

ment , la Renommée semble proclamer des succès en faveur des ennemis de Mars , c'est pour rendre son triomphe plus grand , plus imposant et pour annoncer que le destin a voulu que le traité de *Campo Formio* , fût de nouveau scellé du sang de plusieurs braves (Bataille de Marengo).

Après cette célèbre bataille , toutes difficultés paroissent applanies entre les Germains et les Français ; le traité de *Campo-Formio* paroit prendre une nouvelle vie ; mais la Discorde sans cesse altéré du sang des humains, veut encore troubler leur repos.

Un congrès est proposé , mais , les conférences paroissent devoir être autant interminables que celles de *Rastadt* : alors , Mars desire que ses légions aillent à Vienne pour exécuter les conditions faites à *Marengo* : un tel vœu est un ordre , le soldat Français se saisit de son arme ; les batail-

lons sortent de leurs cantonne-
mens ; les colonnes s'ébranlent,
l'ennemi est en présence , et la
bataille d'*Hohelinden* décide le
traité de Lunéville (qui n'est pro-
prement dit, que le complément
de celui de *Campo-Formio*).

Le *Léopard* reste seul armé
contre la France ; battu complettement à *Houscotte* (1), à *Bergen*
(2) et à *Harlem* (3) ; il n'ose plus
mettre le pied sur le continent
(4). Mais vaincu par la persuasion,

----

(1) 8 septembre 1793.

(2) 19 septembre 1799.

(3) 6 octobre 1799. .

(4) Par le traité de Versailles en 1763,
le gouvernement Anglais exigea et obtint
la démolition du fort de Dunkerque et la
présence continuelle d'un de ses commissaire dans le port.

En 1793 le duc d'Yorck fut battu
complettement à *Houscotte* ; obligé de
se rembarquer précipitamment, il leva
le blocus de Dunkerque.

par l'exemple de plusieurs Souverains de l'Europe, il reconnoit la

---

En 1799 après la fameuse bataille de *Berghen* et d'*Harlem*, le même duc d'Yorck capitula avec les Français : il s'obligea d'évaquer en totalité les forts, places et le territoire de la République Batave ; de renvoyer sur le champ les troupes de renfort qui devoient lui arriver ; de rétablir le fort du *Helder*, et de rendre *sans compensation* dix mille Français et Bataves, prisonniers, et, alors, détenus en Angleterre.

Que le littérateur Gilbert ne vivoit-il en 1799 ! et que ne vit-il encore ! Après le traité de 1763 il écrivoit les vers qui suivent à M. le duc de Nivernois, qui étoit ambassadeur de France en Angleterre.

« Vengez-nous, il est tems, que ce voisin parjure
» Expie et son orgueil et ses longs attentats,
» D'une servile paix prescrite à nos états ;
» C'est trop laisser vieillir l'injure ;
» Dunkerque vous implore, entendez-vous sa voix
» Redemander les tours qui gardoient son rivage,
» Et de son port dans l'esclavage,
» Les débris indignes d'obéir à deux rois ».

Annuaire.   F

dignité Consulaire, et il signe le traité d'*Amiens*.

Au bienfait du traité d'Amiens se lient la pacification de la Vendée, et le rétablissement de la religion en France, par la signature du Concordat.

Mais, tandis que le cabinet de Londres signe ce traité à Amiens, la Discorde oblige le Léopard à équiper des flottes pour capturer celles de France et d'Espagne. Bientôt il viole le traité par son inexécution, (en gardant Malthe); bientôt, le port de Boulogne est menacé ; bientôt, on commet des actes hostiles, sans une déclaration de guerre préalable ; alors, la rupture du traité est certaine.

Le cabinet de Vienne presqu'inséparable de celui de Londres, oublie la générosité du vainqueur de *Marengo*. Sous le prétexte de former un cordon préservatif de la peste, qui avoit ravagé les provinces méridionnales ; il envoye une armée nombreuse dans les États Vénitiens, qu'il n'a gardé que par la trop grande bonté du Héros de l'Italie.

Jupiter connoit l'intrigue qui dirige plusieurs cabinets de l'Europe; autant il est indigné, autant il plaint les Souverains victimes de leurs courtisans : mais il dit à Hercule, » transformes-toi en » Aigle impériale, alors, tu tra- » verseras le détroit de Boulogne » à Calais, et tu iras réduire la » puissance de ce Quadrupède qui » fait le malheur du genre hu- » main ».

A cet avis, Hercule sourit : mais le Léopard n'ignorant pas les vues de Jupiter, supplie la Discorde de le secourir dans un danger aussi imminent

Que fait la furie ? elle va se jetter aux pieds de Junon : elle sait que la déesse ne pardonne à Hercule, ni sa force, ni ses moyens; elle la conjure d'aliéner le cœur de Jupiter contre lui , et de la seconder dans les projets qu'elle a conçus contre celui qui est indigné de tous les forfaits du Léopard.

Junon ne paroît pas insensible aux pressantes sollicitations de la Discorde ; « je peux bien, dit-elle, » faire placer Hercule sous l'em- » pire d'Eurystène , je peux bien » lui faire ordonner quelques tra- » vaux qu'il ne pourra exécuter, et » dans lesquels il pourra périr ; » mais protégé, particulièrement, » de Jupiter, il a la faculté de se » métamorphoser sous differentes » formes ; or, dès qu'il prend celle » de Mars, je ne peux plus rien, » et l'Amulette placée près de lui, » par Jupiter, diminue beaucoup » de ma puissance ».

A ces mots, la Discorde craint qu'Hercule prenne l'épée de Mars ; elle part pour Londres ; là, elle convoque son conseil ; là, elle donne connoissance au Léopard

(69)

de la conférence qu'elle a eu avec Junon, et ne trouve d'autre moyen de vaincre Hercule, que d'armer des conjurés dans les couloirs de l'Opéra ; de construire une Machine infernale, et de former une conjuration contre sa personne, au sein de ses États, afin qu'il ne puisse avoir ni le tems de s'armer de la lance de Mars, ni de se revêtir de son bouclier.

L'avis de la Discorde est accueilli par le ministère Britannique ; quelques illustres fugitifs sont prévenus que le moment est arrivé de reconquérir leurs états, le débarquement est proposé et arrêté ; les guinées sont tirées de la caisse et sont prodiguées ; un noyau d'armée est formé sur les bords du Rhin : des enrôlemens sont faits à Hambourg et dans l'Allemagne ; une nuée de conjurés débarque dans divers ports de France, et arrive à Paris. Les jours d'Hercule sont menacés, sa vie est en danger.

Une active police apprend l'arrivée des conjurés, elle connoît leurs complots; elle suit leurs pas; ils sont arrêtés : leurs papiers, leur correspondance attestent leur culpabilité, la loi en fait justice.

Tandis qu'on instruit le procès des conjurés à Paris, la Discorde parcourt les cabinets de *Vienne*, de *Saint-Pétersbourg*, et de *Stockolm*; elle trouve encore des partisans qui sacrifient l'intérêt de leurs Souverains et le sang des peuples, à leur haine contre la France.

Hercule ne s'effraye ni des projets de la furie, ni des forces immenses qu'elle arme contre lui; il consolide sa puissance intérieure par des institutions sages, et de bonnes lois : le code civil est proposé et arrêté ; de nombreuses chaloupes canonnières sont en-

rade de Boulogne, et bientôt la puissance du Léopard doit apprendre le danger qu'elle court d'irriter le Vainqueur du Continent.

Jupiter fatigué de tous les projets de la Discorde, rassemble les Dieux dans un conseil, qu'il préside en personne.

» Mais, Jupiter est le maître des rois,
« Lui seul, ainsi qu'aux Dieux, peut
    « leur dicter des lois ».

HORACE.

» Déjà, dit Jupiter aux Dieux
» assemblés, Hercule a justifié la
» haute idée que j'avois conçu de
» lui; déjà, il a anéanti cet hydre,
» qui, en France détruisit toutes
» les institutions civiles et hu-
» maines, et qui fit le malheur
» du genre humain ; déjà, enfin,
» par plusieurs de ses travaux,
» il a assuré les limites des États
» qu'il gouverne; il a établi l'ordre
» dans toutes les parties de son

» administration , et en un mot,
» il doit inspirer toute la confiance
» des Dieux.

» Maintenant , il lui reste à
» cimenter les fondemens de l'é-
» difice qu'il a élevé ; à cet égard,
» Hercule doit conserver toute
» sa force , et doit être investi
» d'une grande autorité : j'estime
» qu'il doit s'entourer de voisins
» sincèrement amis , ou fidèles
» alliés, pour former une barrière
» inespugnable devant ses Etats ;
» je pense , dis-je , que , pour
» éteindre toute espèce de factions,
» tout esprit de parti, la dignité
» dont il sera revêtu soit *hérédi-*
» *taire* dans sa famille *légitime*
» ou *adoptive* ».

A ces mots , on voit tous les Dieux applaudir aux vues du Dieu du ciel et de la terre, et chacun d'eux s'exprime ainsi :

La Nécessité (1) est la première

____

(1) Divinité allégorique qui avoit un

Divinité qui obtint la parole ; « je
» suis, dit-elle, fille de la Fortune :
» j'approuve les intentions de Ju-
» piter ; ce qu'il propose me pa-
» roit utile et juste : quand à moi,
» je veux désormais, couvrir Her-
» cule de mon égide, et j'entends
» qu'ayant vaincu ses nombreux
» ennemis, il soit comme moi,
» adoré de toute la terre.

» Je me repends dit Junon, d'a-
» voir autant outragé Hercule, et
» d'avoir augmenté le nombre de
» ses ennemis : dès ce moment,
» j'ordonne à Mars, mon fils,
» de lui offrir son épée pour com-
» battre ceux qui oseroient le me-
» nacer, et se présenter devant
» lui ».

Mars sourit avec enthousiasme,
aux volontés de sa mère.

---

temple à Corinthe, et à qui tous les Dieux
obéissoient.

Annuaire.   **G**

» Il ne suffit pas d'être brave dit
» Plutus, aux Dieux réunis : il faut
» que le Héros puisse solder et
» récompenser largement ses nom-
» breuses légions; alors, je déclare
» que ceux qui oseront lui faire la
» guerre en paieront les frais :
» j'organiserai la levée des con-
» tributions de guerre sur le pays
» conquis ; je présiderai le con-
« seil de ses finances, dans l'in-
» térieur de ses vastes États ; et
« je veux qu'il soit suffisamment
» pourvu de richesses pour qu'il
» puisse faire face à ses ennemis,
» sans être obligé de gréver ses
» peuples de nouveaux impôts.
» Sortie de votre cerveau, Sei-
» gneur, dit Minerve à Jupiter;
» je veux qu'Hercule soit tout
» puissant : je présiderai à ses
» conseils, soit dans le cabinet,
» soit au milieu des camps, et
» mon Amulette l'accompagnera
» en tous lieux ».
Si Hercule a besoin de moi

s'écrie Mercure , « j'offre d'être
» son messager, comme je suis
» celui des Dieux ; il peut en
» outre , compter sur mon élo-
» quence pour haranguer ses lé-
» gions, et sur mes soins à seconder
» ses vues pour la liberté des
» mers , et la prospérité du com-
» merce.

» Pour vous être agréable, Sei-
» gneur et père, dit Éole à Jupiter,
» je me réunis à Minerve. Jusqu'a-
» lors , j'ai été le protecteur d'U-
» lysse , je lui avois fait cadeau
» de plusieurs peaux dans les-
» quelles je contenois les vents ,
» et par cette bienveillance, j'a-
» vois protégé sa navigation et
» favorisé son commerce ; mais,
» depuis qu'il veut être le Souve-
» rain des mers , et qu'il abuse de
» sa puissance pour tyranniser ses
» voisins ; j'entends qu'au premier
» jour , quelques-uns de ses com-
» pagnons ouvrent les peaux que
» je lui ai données, que les vents

» en sortent avec impétuosité,
» que ses vaisseaux soient sub-
» mergés, et que confus et ruiné,
» il ne puisse pas même retourner
» dans Ithaque. Je veux au con-
» traire, favoriser Hercule, j'u-
» serai de tous mes droits en sa
» faveur, et je contiendrai les
» vents, lorsqu'il aura fixé l'époque
» mémorable d'une expédition
» maritime ».

A ce discours, Neptune est furieux, il menace les dieux; principalement Jupiter, Minerve et
Éole : il jure de protéger le Léopard, et de se réunir à la Discorde pour se venger. Mais, l'Amitié et la Providence (1) élèvent la
voix. « J'emploierai tout mon

____

(1 Les Grecs firent de l'Amitié une
divinité allégorique, qu'ils représentoient
sous la figure d'une jeune personne,
vêtue d'une tunique, le côté ouvert jusqu'au cœur, qu'elle montroit, avec ces
mots : *de près* et *de loin.*

» pouvoir, dit l'Amitié, pour con-
» server l'union la plus intime
» parmi les Dieux ; ils feront la
» loi à Neptune, et si ce Dieu,
» réuni à la Discorde, obtient
» quelques succès maritimes, je
» lui prédis d'avance, que son
» triomphe sera de courte durée ».

Je pense comme l'Amitié, ajoute
la Providence : (1) « dès ce moment
» je vais placer une baguette dans
» une des mains d'Hercule, je
» veux que dans l'autre il tienne
» une corne d'abondance, et j'en-
» tends qu'il ait les yeux fixés sur
» le globe de l'Univers.

» Dans ce cas, s'écrie Thémis,
» je dois comme Minerve, prési-
» der aux conseils d'Hercule ;
» puisqu'il doit régler le sort de

____

(1) La *Providence* est une divinité allégorique que les Romains représentoient
tenant d'une main une corne d'abondance, et de l'autre une baguette qu'elle
étend sur un globe qui fixe ses regards.

» l'Univers, je le doue d'un génie
» législateur ; je lui donne le pou-
» voir de commander la paix, et
» je desire que ma balance puisse
» lui servir dans la distribution
» de ses dons. »

Apollon a écouté, dans le plus grand silence, le discours de chacun des Dieux : « j'ai attendu jusqu'à ce moment, dit-il, pour me
» prononcer sur le sort d'Her-
» cule ; je pense que dès l'instant
» il doit quitter sa massue puisque
» l'hydre est anéanti, et que dé-
» sormais la Discorde ne doit plus
» oser reparoître dans ses États ;
» je suis loin de m'opposer à ce
» qu'il conserve la force d'Her-
» cule, à ce qu'il accepte les ailes
» de Mercure, l'épée et le bou-
» clier de Mars ; j'estime qu'il ne
» doit dédaigner aucun des dons
» qui lui sont offerts par les dieux ;
» mais, je propose qu'il prenne
» momentanément la figure d'A-
» pollon ; son goût pour les sciences

» et les arts est connu; il en a
» donné des preuves dès son en-
» fance, et sur-tout en France,
» depuis le 25 décembre 1797 (1).
» Je desire donc qu'il soit à la tête
» des Muses, qu'il règne avec elles
» au Parnasse et par-tout où elles
» siégeront, protégé par vous,
» Seigneur (parlant à Jupiter),
» soutenu par Mars et Minerve,
» il ne peut que vaincre ses enne-
» mis; alors, je lui offre mon char
» pour se reposer, lorsqu'il n'oc-
» cupera pas celui de la Victoire. »
Après ce discours, paroissent
les neuf Muses : chacune d'elles
baisse la tête humblement en signe
de reconnoissance. Chacune d'elles
connoit déjà l'intention du nouveau protecteur, chacune d'elle
en a déjà reçu des bienfaits; mais
Clio seule élève la voix : elle déclare que présidant à l'histoire,

---

Voyez cete date, page 15.

G 4

elle proclamera les hauts faits du héros, et que son burin les transmettra à la postérité la plus reculée.

Ainsi se termine la conférence des Dieux. Hercule accepte avec reconnoissance les dons qui lui sont offerts ; il prend la forme d'Apollon, se réservant la faculté de la changer suivant les circonstances ; et il est proclamé EMPEREUR DES FRANÇAIS.

Quel triomphe pour Hercule ! quelle rage pour le Léopard ! quel désespoir pour la Discorde !!!...

A peine Apollon est-il sur son trône impérial, à peine a-t-il le tems de jeter un coup d'œil favorable sur l'agriculture, le commerce, les sciences et les arts, que le Léopard le contraint à changer de forme et d'azile. Le Quadrupède, douloureusement affecté de la décision des Dieux, n'ignore pas la force et le génie de l'ennemi qui le menace ; apprenant, que d'après l'avis de Jupiter,

Apollon, métamorphosé en Aigle impériale, a quitté son palais, et que d'un vol rapide elle s'est rendue sur les rives de la Manche ; le Léopard, dis-je, tremble à son aspect : quels sont les moyens qu'il va lui opposer.

Un combat honorable et le sort des armes ne sont pas ce qu'il va choisir. La guerre entre les volatiles lui paroit devoir être le *paladium* de son existence, ou au moins la conservation, pendant quelque tems, de toute sa puissance maritime : alors, l'intrigue, l'or, rien n'est épargné pour fomenter une guerre aussi injuste que ridicule.

D'abord, l'aigle impériale d'Autriche, trompée par les courtisans qui l'entourent, attaque un des alliés de l'Aigle impériale française ; celle-ci, justement indignée, en voyant les états de son ami envahis, les frontières de France et d'Italie menacées, détourne pour un moment, son regard de sur le Léopard, et d'un vol rapide elle se porte des bords de la Manche aux rives du Danube et du Lech.

Soixante - cinq jours suffirent pour voir tomber dans les serres de l'Aigle impériale française, les villes d'*Ausbourg*, *Ulm*, *Brannau*, *Vienne* et tous les états héréditaires de la maison d'Autriche.

Les aigles du nord viennent au secours de celle d'Autriche, mais bientôt, à Austerlitz, on voit le triomphe de l'Aigle impériale française.

L'aigle d'Autriche vaincue, demande la paix; l'Aigle française, toujours généreuse, la lui accorde; mais elle attache au traité de Presbourg, quelques plumes de l'aigle d'Autriche qui, perdant les états Vénitiens, qu'elle ne devoit qu'à la générosité du vainqueur de Marengo, devient encore une fois la victime du Léopard, augmente le territoire du royaume d'Italie, et attache une palme de plus à la gloire du Créateur de cet état naissant.

L'Aigle impériale française, chargée de lauriers, rentre dans son palais, et conformément aux intentions de Jupiter, elle occupe le trône d'Apollon. Mais, à peine ce Dieu est-il entouré des Muses, qu'il comble de ses bienfaits, à peine l'ordre d'élever des monumens à la victoire, est-il donné, à peine toutes les branches d'administrations commencent-elles à respirer au sein de la paix, qu'une aigle royale, forte de ses légions et de ses trésors, ose dicter la loi à l'Aigle impériale française, ose fixer à ses légions (qui sont encore en Allemagne), le jour de leur départ pour la France, ose leur tracer leur route par jour d'étape, et enfin, ose exiger une réponse formelle pour le 8 octobre 1806; sinon elles doivent courir, de nouveau, les chances de la guerre contre les aigles du nord réunies.

Un ordre aussi impératif est appuyé par l'aiguisement des armes à Berlin ; par l'envahissement de la Saxe ; par la violation du territoire de la Confédération du Rhin ; par des provocations armées aux avant-postes de l'armée française, et sans doute par la prétention de repousser ces légions victorieuses, au moins, jusqu'au Rhin.

L'Aigle impériale voit avec douleur l'aigle royale trompée par quelques courtisans qui, enivrés d'une vaine gloire, creusent le précipice où ils doivent eux-mêmes s'engloutir ; mais, comme aucune représentation ne peut arrêter la marche des assaillans, l'Aigle impériale ne peut et ne doit souffrir une insulte ; alors, elle part de son palais le 25 septembre 1806, elle quitte les rives du Rhin à Mayence le 5 octobre, et va porter elle-même la réponse exigée pour le 8 du même mois.

Le 6 , l'Aigle impériale est à Bamberg.

Le 7 , les dispositions de la guerre sont prises.

Le 8 , quelques coups de canons annoncent l'arrivée du courrier porteur de la réponse demandée.

Le 9 , les légions des deux Souverains sont en présence, celles de l'aigle royale sont vaincues dans le combat de *Schleitz* ; elles perdent des hommes et tous leurs magasins.

Le 10, un des premiers moteurs de la guerre (1) meurt en brave sur le champ de bataille de *Saalfeldt*.

Enfin, le 14, l'aigle royale est en fuite, et ses légions vaincues à la célèbre bataille d'Jéna, commencent à redouter la valeur de l'Aigle impériale.

____

(1) Le prince Louis de Prusse.

La foudre dans ses serres, l'Aigle impériale poursuit sa carrière victorieuse ; les places de *Berlin, Spandau, Stetin, Custrin, Magdebourg, Glogau, Breslau,* etc., tombent en son pouvoir.

L'aigle royale effrayée de succès aussi rapides, invoque à grands cris les secours de deux aigles impériales du nord ; mais, comme à Austerlitz, l'Aigle impériale française combat les aigles réunies, à *Eylau* et à *Friedland ;* à *Weischelmunde* et à *Dantzick.*

Lutter plus long-tems, disent les aigles réunies, ce seroit verser en vain le sang humain ; rapprochons-nous de l'Aigle impériale française, et tâchons d'obtenir ce que nous n'avons pu conquérir.

En effet, à l'orage le plus violent, succède le calme le plus parfait, les aigles impériales et royales se donnent un *rendez-vous,* et à l'instant cessent les calamités de la guerre.

Neptune étonné, semble abandonner le parti du Léopard, il félicite les Aigles impériales sur leurs sentimens pacifiques, et se fait honneur de leur préparer un palais au milieu de l'un de ses domaines (1). Les Aigles réunies ne peuvent que murmurer contre le Léopard qui sacrifie tous ses alliés pour conserver sa puissance. Bientôt elles confèrent sur les moyens de lui dicter la loi, et sur ceux de donner la paix à l'Univers, ou de livrer le Quadrupède à l'animadversion de toutes les Aigles réunies ; en un mot, toutes les Aigles se jurent une amitié sincère et durable.

Les conférences terminées, Minerve dicte le traité de Tilsitt : l'Amulette se félicite d'avoir préservé des dangers de la guerre l'Aigle impériale française, et promet de continuer ses bons offices.

____

(1) Le Niémen.

Neptune assure les Aigles de sa protection spéciale contre le Léopard, s'il ne se rend pas à leur invitation pour une paix générale. Enfin, tous les Dieux, sous quelque forme qu'ils soient, se donnent le baiser de paix et se séparent, aux regards et aux cris d'allégresse de deux cent mille braves, dignes d'admiration par leur héroïsme et leur courage.

Après le traité de Tilsitt, l'Aigle impériale française rentre dans son palais, après avoir passé sous les arcs de triomphe qui ont été élevés à sa gloire.

Le Léopard furieux de l'issue des conférences de Tilsitt, fulmine et n'écoute aucune proposition de paix; alors il perd le plus puissant de ses alliés (1).

N'osant attaquer le soleil (2)

____

(1) Les deux aigles impériales du nord.

(2) Apollon, ou l'Aigle impériale française.

qui brille sur l'Univers, le Léopard dirige ses coups contre le Croissant; mais, honteux de sa retraite des Dardanelles, il va exercer ses fureurs dans le nord ; il brûle Coppenhague et il pille la flotte du Roi son allié.

La Discorde, autant étonnée que furieuse, de la défaite qu'ont éprouvée les agens qu'elle a employé dans les divers cabinets de l'Europe, voyant qu'elle n'a plus qu'un foible allié dans les provinces du nord (1), elle va diriger ses intrigues et répandre son or dans celles du midi.

Déjà elle a commencé à séduire le Prince régent de Portugal, l'a décidé à quitter ses états pour s'en emparer, et à fait son entrée triomphante à Lisbonne.

Un tel succès l'enhardit, elle se glisse dans le cabinet de Madrid, elle y trouve un Souverain fidèle-

____

(1) La Suède.

Annuaire.   H

ment allié à la France ; elle ne voit d'autre moyen que de séduire le cœur d'un jeune Prince et de l'armer contre son auguste père. Une conjuration odieuse est ourdie à l'Escurial, le prince héréditaire des Espagnes en est reconnu le chef, il est arrêté ; il doit payer de sa tête le crime prémédité, mais il trouve sa grace dans les entrailles des auteurs de ses jours. Pour un moment la Discorde a échoué dans ses projets criminels, mais elle n'en convoite pas moins les royaumes d'Espagne et des Indes, ses flottes et ses ports ; elle apprend que Mars a envoyé des légions pour conquérir le Portugal, que Charles IV a réuni plusieurs de ses bataillons aux Aigles françaises, que le Léopard a été obligé de fuir et d'abandonner le port de Lisbonne aux vainqueurs.

Cette intimité entre les Souverains de France et d'Espagne,

désespère la Discorde ; mais, comme elle n'ignore ni les chagrins domestiques duRoi Charles, ni la haine d'une grande partie des Espagnols contre son favori (le généralissime de ses troupes de terre et de mer). Enfin, comme elle est certaine du dévouement du prince héréditaire au cabinet de Londres, elle pense que rien ne peut mieux établir sa prépondérance dans l'Espagne et dans les Indes, qu'une nouvelle conjuration, que la chûte du Roi Charles, et que l'élévation du Prince héréditaire au trône.

En effet, ce projet est aussitôt exécuté que conçu ; la conjuration éclate à Aranjuez ; le généralissime est insulté et maltraité, l'existence du Roi Charles est menacée, il abdique, et son fils est proclamé Roi.

Le Léopard triomphant croit déjà être possesseur paisible des Espagnes et des Indes ; mais

Apollon détruit l'illusion par le traité de Bayonne.

La cession de l'Espagne étant faite, la nouvelle constitution du royaume étant adoptée par les Représentans de la nation, le serment qu'ils ont fait de soutenir le nouveau Roi, et de l'installer sur son trône, tout doit faire perdre au Léopard l'espoir qu'il a conçu; mais, la Discorde furieuse, s'agite en tous sens, se glisse dans le cœur des peuples d'Espagne, elle les soulève contre l'autorité; elle fait presqu'autant de parjures qu'il y a eu de notables illustres à la junte de Bayonne; elle allume les torches de la guerre civile, le sang coule, et le nouveau Monarque abandonne sa capitale pour éviter de plus grands malheurs.

Apollon apprend avec douleur un tel événement; d'abord il lui paroît nécessaire de faire un voyage à Erfurtt; ensuite ne pouvant voir tranquillement un tel outrage fait

(93)

au traité de Bayonne, il se saisit de l'épée de Mars, de .la
massue d'Hercule, et se trans-
formant en Aigle impériale, il
vole au secours de son auguste
frère, combat glorieusement les
insurgés à Burgos, terrasse l'hydre
à Madrid, replace le Monarque
sur son trône, poursuit les légions
du Léopard, réunies aux révoltés,
jusqu'à la Corogne, et les force à
se rembarquer avec tant de préci-
pitation qu'ils perdent leur général
en chef, un grand nombre d'hommes, canons, munitions, che-
vaux, bagages, etc.

Au sein de tant de triomphes, couvert de tant de lauriers, Apollon est
informé qu'un Souverain, à qui il a
accordé la paix trois fois, met son
armée sur le pied de guerre, arme
tous ses sujets et menace les alliés du
héros qui, naguères, possesseur de
sa capitale et de ses états, les lui
rendit si généreusement.

Apollon, dis-je, rentre dans

ses États ; à peine est-il dans son palais, qu'il a la certitude des hostilités dirigées contre son Empire : on le croit encore à Madrid, on se persuade que ses légions sont en Espagne, on fait marcher une armée formidable contre la Bavière, on lance un manifeste, et enfin on menace la tranquillité des habitans paisibles qui avoisinent le Rhin.

Tout étonné que doit être Apollon, il se trouve, encore une fois, obligé de tirer du fourreau l'épée de Mars, et il n'a qu'un mot à dire pour mettre de nombreuses légions en face de celles qui le menacent ; mais bientôt les batailles d'*Eckmulh* et de *Ratisbonne* prouvent à l'ennemi qu'il s'est fortement trompé, et que par-tout où les États d'Apollon sont menacés, par-tout il a des légions pour les défendre.

Encore une fois Mars entre triomphant à Vienne ; la Discorde

désespérée, trouve la foible res-
source de faire gonfler le Danube
et rompre les ponts ; pendant
ce tems elle provoque la bataille
d'*Essling*, et toute meurtrière,
qu'elle est, elle ne peut faire re-
passer le fleuve aux légions de
Mars, qui conservent cette atti-
tude guerrière,qui leur est si fami-
lière.

Le Léopard apprend les détails
de l'affaire d'*Essling*, déjà il croit
Mars dans l'embarras ; alors il
envoie la Discorde lever l'étendard
de la révolte dans le royaume
de Westphalie, soulève quelques
Westphaliens, arme un colonel
prussien , lui donne quelques
bandes dont les exploits se bornent
à piller les campagnes et à ruiner
les peuples de leur propre pays.

Cependant, les ponts du Danube
sont rétablis, les armées sont en
présence, le signal des combats
est donné, la célèbre bataille de
Wagram couvre de gloire les lé-

gions de Mars, et oblige leur ennemi à solliciter une armistice.

Le vainqueur généreux accède encore à la demande du vaincu, l'armistice est signé à *Znaïm* (1); les armes victorieuses des légions de Mars sont au faisceau, les braves sont au repos.

La Discorde n'ose aller porter à Londres la nouvelle de la bataille de Wagram; mais la Renommée la proclame en tout pays.

« Que deviendrai-je donc, s'é-
» crie le Léopard? quoi! tous les
» efforts de la Discorde ne pour-
» ront troubler le Continent? quoi!
» les torches de la guerre civile
» seront aussitôt éteintes qu'elles
» sont allumées? Quoi! toutes les
» aigles, soit quelles soient réunies,
» soit quelles soient séparées, ne
» pourront vaincre l'Aigle impé-
» riale française? Eh bien! armons
» et équipons une flotte nom-

____

(1) Le 12 juillet 1809.

» breuse, faisons jouer tous les
» ressorts nécessaires à prolonger
» l'armistice de Znaïm, et pendant
» toutes les discussions diploma-
» tiques, nous descendrons sur
» les côtes de cette Aigle impériale;
» alors, il faudra, ou quelle aban-
» donne les places et les positions
» quelle occupe en Allemagne, ou
» elle laissera envahir son terri-
» toire ».

A ce projet, ainsi conçu, il
ne manque que l'exécution ; cependant, 600 voiles partent des
ports du Léopard, et cinglent vers
l'Escaut. A leur aspect, un traître
abandonne et livre le fort de Bath.
Flessingue devient également la
proie du Léopard ; mais si des
hommes, indignes du nom français et hollandais, trahissent et
leur devoir et leur patrie, cent
mille hommes de toutes armes
défendent la côte et la flotte française qui se trouve dans l'Escaut ;
le port et les établissemens d'An-

vers sont à l'abri de toute insulte ; ainsi la Discorde et le Léopard font une dépense de cinquante millions pour posséder une seule place, qu'ils doivent à la trahison, et qu'ils ne garderont pas.

Loin que la fameuse expédition du Léopard fasse rompre l'armistice de Znaïm, loin que la grande armée française fasse un pas rétrograde, les négociations pacifiques se continuent à Altembourg, et le traité de Vienne rétablit la paix entre l'Empereur Napoléon et l'Empereur François II.

Ainsi, voilà donc encore une fois les projets de la Discorde évanouis ! ainsi, la honte et le remords doivent donc être continuellement dans le cœur de ces hommes, qui, agens du Léopard, ont alimenté leurs passions haineuses contre la France au préjudice de l'honneur national et des intérêts de leur Souverain. En effet, qu'ils jettent un coup-d'œil sur les états de la maison d'Autriche, ils verront que par leurs conseils perfides, cette puissance a perdu *la Belgique* par la première coalition ; que par la seconde elle a été dépouillée de *ses états en Italie* et sur *la rive gauche du Rhin* ; que la troisième lui a enlevé le *Tyrol*, la *Souabe* et les *états Vénitiens*, et enfin, que par cette dernière guerre, elle perd les *pays de Salzbourg et de Beschtolsgaden* ; une *partie de la Haute Autriche* ; le *territoire de Montefalcone, le gouvernement et la ville de Trieste* ; la *Carniole avec les enclaves sur le golfe de Trieste* ; le *comté de Gorice* ; le *cercle de Willach en Carinthie* ; *tous les pays situés sur la droite de la Save, Fiume et le littoral Hongrois* ; *l'Istrie autrichienne* ou *district de Castua avec les îles dépendantes des pays cédés.* Plus, en faveur du roi de Saxe et du duché de Varsovie, les *en-*

claves dépendantes de la Bohéme, situés dans le royaume de Saxe ; toute la Galicie occidentale, ou nouvelle Galicie ; un arrondissement autour de Cracovie sur la rive droite de la Vistule, et le cercle de Zamosc dans la Galicie orientale.

Plus enfin, en faveur de l'Empereur des Russies, un territoire de quatre cent mille ames de population qui sera pris sur la partie la plus orientale de la Galicie, et dont les limites seront fixées par des commissaires respectifs.

Enfin, par suite de cette dernière guerre, l'Empereur d'Autriche reconnoît la suppression de l'ordre Teutonique et la disposition faite des biens de l'ordre, situés hors le territoire de l'Autriche. Il reconnoît également que le traité de Vienne, dans lequel sont contenues ces dispositions, est commun à leurs Majestés le

Roi d'Espagne, *le Roi de Hollande*, *le Roi de Naples*, *le Roi de Bavière*, *le Roi de Wurtemberg*, *le Roi de Saxe*, *le Roi de Westphalie*, *à S. A. E. le Prince Primat*, et leurs Altesses royales *le grand Duc de Bade*, *le grand Duc de Berg*, *le grand Duc de Hesse - Darmstadt*, *le grand Duc de Wurtzbourg*, et à tous les princes et membres de la Confédération du Rhin, alliés de S. M. *l'Empereur des Français et roi d'Italie.*

Ainsi, disons-nous, combien doivent être accablés de remords ceux qui ont entraîné la maison d'Autriche dans la dernière guerre!

Sur autant de faits mémorables énoncés dans ce petit ouvrage, nous aurions pu nous étendre davantage et notamment sur les campagnes de 1805, 1806, 1807, 1808 et 1809 : mais nous nous bornons à dire que la postérité aura peine à croire à la rapidité avec laquelle le Héros a porté ses armes, des bords de la Manche à ceux du Danube ; des rives de la Vistule à celles de l'Ebre et du Tage.

Cependant, terminant ce petit volume, essayons de le suivre dans sa course victorieuse :

Le 24 septembre 1805, il part de Paris pour l'Allemagne.

Le 21 octobre tous les Etats de la maison d'Autriche sont en son pouvoir.

Le 13 novembre, il entre à Vienne.

Le 2 décembre, il est vainqueur à Austerlitz.

Le 26 du même mois, il est Pacificateur à Presbourg.

Le 27 janvier 1806, il est de retour à Paris.

A peine le Monarque Français est-il assis sur les trophées de sa gloire, qu'il se trouve menacé par un de ses alliés : les armes sont aiguisées à Berlin ; l'armée Françoise doit quitter l'Allemagne ; et sa route lui est tracée par journées d'étapes.

Le Héros part de Paris pour Mayence , le 25 septembre 1806.

Le 7 octobre , il entre en campagne contre la Prusse.

Le 14 , il triomphe à Jéna.

Le 24 , il arrive aux palais de Potsdam.

Le 27 , il entre en vainqueur à Berlin.

Le 11 décembre , il est Pacificateur à Posen.

Le 19 , il fait son entrée à Varsovie.

Le 10 février 1807 , il triomphe à Eylau.

Le 14 juin , il gagne la célèbre bataille de Friedland.

Le 25 , le Niémen a l'honneur de recevoir le vainqueur.

Le 8 et le 9 juillet , il signe la paix à Tilsitt.

Le 27 du même mois , il arrive à Paris.

I 4

Dans le commencement de l'année 1808 , il apprend la désunion dans la famille des Princes d'Espagne ; le Roi Charles IV détrôné par son fils , proteste contre son abdication , et en appelle au Monarque Français.

Ce Souverain part de Paris pour Bordeaux , le 2 avril 1808.

Le 15 , il arrive à Bayonne.

Le 5 et le 10 mai, il est cessionnaire des Royaumes d'Espagne et des Indes.

Le 6 juin , il proclame son Auguste frère , *Roi d'Espagne et des Indes.*

Le 14 août , il est de retour à Paris.

Un voyage dans les états de la Confédération du Rhin lui paroît nécessaire , il part de Paris le 22 septembre 1808.

Le 27 , il arrive à Erfurtt , où se trouve son auguste Allié l'Empereur des Russies.

Le 18 octobre, il arrive à Paris.

Les troubles d'Espagne l'obligent encore une fois, à quitter sa capitale, il part de Paris le 29 octobre.

Le 10 novembre il combat victorieusement, les Espagnols à Burgos.

Le 4 décembre, il entre en vainqueur à Madrid.

Le 25 janvier 1809, il est de retour à Paris.

Menacé d'une nouvelle guerre par la maison d'Autriche, le Monarque Français part pour l'Allemagne, le 13 avril 1809.

Les 22 et 23, il gagne les batailles d'Eckmulh et de Ratisbonne.

Le 12 mai, la ville de Vienne capitule et se jette dans les bras du vainqueur.

Le 22 mai pendant la fameuse bataille d'Essling, les ponts du Danube sont rompus par un grand nombre d'arbres et de radeaux entraînés dans le cours du fleuve par la crue des eaux. Cependant, les Français ne repassent pas le Danube, et conservent la position importante de l'île de *Inder-Lobau.*

Le 14 juin, se donne la bataille de Raab.

Le 22, la forteresse de ce nom capitule.

Le 5 et 6 juillet, les batailles d'Euzerdorff et de Wagram décident l'Empereur François II à demander une suspension d'armes.

Le 12 juillet, l'armistice est signé à Znaïm (en Moravie).

Le 14 octobre, le traité de Vienne termine les calamités de la guerre.

Enfin, le 25 octobre 1809 le Monarque Français arrive à Fontainebleau, couvert de lauriers et de gloire, après avoir, en vainqueur généreux, rendu à l'Empereur d'Autriche, pour la 2eme. fois, sa capitale, et la plus grande partie de ses états.

Quel est donc le Français qui n'admireroit pas l'activité, le courage et la sagesse du Héros, pour la prospérité de l'Empire !

Quel génie que celui qui sait *sacrifier ses plus chères affections aux intéréts et au bien étre de la Grande Nation !*

Quel génie que celui qui, à la fois, sait vaincre ses nombreux ennemis ! sait s'entourrer de voisins puissans et vrais amis ; sait anéantir le fanatisme pour faire triompher la vraie religion ; sait réunir à son trône des États dont les peuples sont trop foibles pour résister à la séduction de l'Ennemi du Continent ; et qui sait, enfin, au milieu des calamités de la guerre, élever des monumens, ouvrir des canaux, percer des routes, dessécher des marais, construire des ponts, etc., etc., pour parvenir à favoriser le commerce et faire fleurir les sciences et les arts !!!

Ainsi le Vœu des Dieux est accompli.

Ainsi les traces du génie militaire, civil et politique sont marquées sur les rives du Pô, du Nil, du Rhin, du Danube, de la Vistule, du Niémen, du Guadalquivir, du Tage et du Tibre.

Ainsi, le Vésuve s'énorgueillit d'avoir un héros pour voisin.

Ainsi, le Fare de Messine réclame sa présence pour se soustraire à la puissance du tyran des mers.

Honneur soit donc rendu au Monarque immortel ! puisse-t-il compter autant d'années qu'il marque de jours de gloire ! puisse-t-il faire un pas ! oui, un seul pas ! sur les bords de la Tamise, et le bonheur du genre humain est assuré.

F I N.

TABLE DES MATIÈRES.

A

D.

K

J

K.

L.

S.

Annuaire.   L

FIN DE LA TABLE,

Nom des neuf Muses dont il est parlé dans cet ouvrage, (pages 79, et 83.) et sciences auxquelles elles présídent.

CALIOPE, à l'Éloquence et à la Poésíe lyrique.

CLIO, à l'Histoire.

ERATO, aux Poesies lyriques.

EUTERPE, à la Musique.

MELPOMENE, à la Tragédie.

POLIMNIE, à la Rhétorique.

TERPSICORE, à la Musique et à la Danse.

THALIE, à la Comédie et à la Poésíe lyrique.

URANIE, à l'Astronomie.

Nota. Apollon, protégeant toutes les sciences et les arts, ayant fondé une distribution de prix décennaux, n'est-il pas le protecteur né des Muses?

M A I. ♊   J U I N. ♋

	MAI				JUIN	
	1 m	s J. s Ph.			1 sa	vig. jeû.
	2 je	s Atanas			2 D	PENTE
	3 v	In. se C.			3 lu	se Clotil
	4 sa	se Moni	P. l		4 m	s Optat.
	5 D	Çon. s A	☉		5 m	4 Temps
P. l	6 lu	s J P. L	16		6 je	s Claude
○	7 m	s Stanisl	soir		7 v	s Norber
18	8 m	s Desiré			8 sa	s Méda.
soir	9 je	s Grégoi			9 D	TRINIT.
	10 v	s Gordie			10 lu	s Landri
	11 sa	s Mam.	D. q		11 m	s Barna
	12 D	s. Epip.	☽		12 m	s Basilid
D. q	13 lu	s Servais	l 13		13 je	Fête-Di
☽	14 m	s Pacô.	soir		14 v	s Ruffin
15	15 m	s Isidore			15 sa	s Gui
soir	16 je	s Honor			16 D	s Ferreo
	17 v	s Pascha			17 lu	s Avit
	18 sa	s Eric	N. l		18 m	se Marin
	19 D	s Yves	●		19 m	s Gerv.
N. l	20 lu	rogat:	l 20		20 je	oct. f. d.
●	21 m	s Hosp.	soir		21 v	s Leufr.
22	22 m	ste Julie			22 sa	vig. jeû.
	23 je	ASCEN			23 D	s. Basile
	24 v	se Jéann			24 lu	s Jea-B.
	25 sa	s Urbain			25 m	s Prosp.
	26 D	s P. de n			26 m	s Babol.
	27 lu	s Hildev	P. q		27 je	s Cresce
P. q	28 m	s Germ.	☾		28 v	s Irénée
☾	29 m	s Maxi	l 29		29 sa	s Pi. s P.
l 30	30 je	s Hubert	ma		30 D	Co. s P.
ma	31 v	se Pétro				

No. 10, au Pilier Littéraire.

1811

JANV. ♒

Lune	Jour		Saint
P.q	1	m	Circon
☽	2	m	s. Basile
	3	je	se. Gen
soir	4	v	s. Rigob
	5	sa	s. Si. v j.
	6	D	EPIPHA.
P.l.	7	lu	s. Thés
☺	8	m	s. Lucie
l 9	9	m	s. Furcy
soir	10	je	s. Paul.
	11	v	s. Théo
	12	sa	s. Fréju
	13	D	B. N. S.
D.q	14	lu	s. Hilair
☾	15	m	s. Maur
l 17	16	m	s. Guill.
soir	17	·	s. Antoi
	18	v	Ch. s. P
	19	sa	s. Sulpi
	20	D	s. Sébas
N.	21	lu	se Agné
●	22	m	s. Vince
l 24	23	m	s. Ildefo
soir	24	je	s. Babyl
	25	v	C. s. Pau
	26	sa	se Paule
	27	D	s. Julien
P.q	28	lu	s. Chaile
☽	29	m	s. Fr. S
	30	m	se Bathi
	31	je	s. Pierr

FÉVRIER ♓

Lune	Jour		Saint
	1	v	s Ignace
	2	sa	PURIFI.
	3	D	s Blaise
	4	lu	s Avent
P.l.	5	m	ste Agat.
☺	6	m	s Vast.
l 8	7	je	s Romu
ma.	8	v	s Jean M
	9	sa	se Apoll.
	10	D	Septua.
	11	lu	s Severi
	12	m	s. Ant.
D.q	13	m	s Lezin
☾	14	je	s Valent
l 16	15	v	s. Jovite
soir	16	sa	ste Julie
	17	D	Sexagé
	18	lu	s Siméo
	19	m	s Gabin
	20	m	s Euche
N.l	21	je	s. Flav.
●	22	v	C. s. P. A
l 23	23	sa	s Métau
ma	24	D	Quinqu
	25	lu	s Tarais
	26	m	s. Porph
	27	m	Cendres
	28	je	s. Roma

Lettre domin. F.
Épac... N° l..

MARS ♈

Lune	Jour		Saint
P.q	1	v	s Plaies
☽	2	sa	ste Noll.
l 2	3	D	Quadra
ma	4	lu	s Casim.
	5	m	s Adrien
	6	m	se Co. 4t.
	7	je	se Perpe
P.l	8	v	s J. d. D
○	9	sa	se Franc
l 10	10	D	Remini
ma	11	lu	40 Mart
	12	m	s Pol. év.
	13	m	s Euph
	14	je	s Lubin
D.q	15	v	s Longi
☾	16	sa	s Abrah
l 17	17	D	Oculi
soil	18	lu	s Alexan
	19	m	s Joseph
	20	m	s Joach
	21	je	s Benoit
N.l	22	v	s Paul é
●	23	sa	s Euséb
l 24	24	D	Lœtare
soir	25	lu	Annon
	26	m	s Félix
	27	m	s Rupert
P.q	28	je	s Gontr.
☽	29	v	s Eustas
l 31	30	sa	s Rieul
	31	D	Passion

AVRIL ♉

Lune	Jour		Saint
	1	lu	s Hugue
	2	m	s Fr. P
	3	m	s Richar
	4	je	s Ambr.
	5	v	s Vincen
P.l	6	sa	s Pruden
○	7	D	Ramea
18	8	lu	s Perpet
soir	9	m	se Mari
	10	m	s Macai
	11	je	s Léon p
	12	v	Ven-S.
	13	sa	s Justin
D.q	14	D	PASQU
☾	15	lu	s Patern
l 16	16	m	s Fructu
ma	17	m	s Anicet
	18	je	s Parfait
	19	v	s Timon
	20	sa	s Hildeg
N.l	21	D	Quasim
●	22	lu	se Oppo
l 23	23	m	s Georg.
ma	24	m	s Marce
	25	je	s Marc
	26	v	s Clet P.
	27	sa	s Policar
P.q	28	D	s Vital
☽	29	lu	s Robert
l 30	30	m	s Eutrop
soir			

MAI ♊

Lune	Jour		Saint
	1	m	s J. s Ph.
	2	je	s Atanas
	3	v	In. se C.
	4	sa	se Moni
P.l	5	D	Con. s A
○	6	lu	s J P. L
18	7	m	s Stanisl
soir	8	m	s Desiré
	9	je	s Grégoi
	10	v	s Gordie
	11	sa	s Mam.
	12	D	s. Epip.
D.q	13	lu	s Servais
☾	14	m	s Pacô.
l 15	15	m	s Isidore
soir	16	je	s Honor
	17	v	s Pascha
	18	sa	s Eric
	19	D	s Yves
N.l	20	lu	rogat.
●	21	m	s Hosp.
22	22	m	ste Julie
ma	23	je	ASCEN
	24	v	se Jeann
	25	sa	s Urbain
	26	D	s P. de n
P.q	27	lu	s Hildev
☽	28	m	s Germ.
l 30	29	m	s Maxi
ma	30	m	s Hubert
	31	v	se Pétro

JUIN ♋

Lune	Jour		Saint
	1	sa	vig. jeû.
	2	D	PENTE
	3	lu	se Clotil
P.l	4	m	s Optat.
☺	5	m	4 Temps
16	6	je	s Claude
soir	7	v	s Norber
	8	sa	s Méda.
	9	D	TRINIT.
	10	lu	s Landri
D.q	11	m	s Barna
☾	12	m	s Basilid
l 13	13	je	FÊTE-DI
soir	14	v	s Ruffin
	15	sa	s Gui
	16	D	s Ferreo
N.l	17	lu	s Avit
●	18	m	se Marin
l 20	19	m	s Gerv.
soir	20	je	oct. f. d.
	21	v	s Leufr.
	22	sa	vig. jeû.
	23	D	s. Basile
	24	lu	s Jea. B.
P.q	25	m	s Prosp.
☽	26	m	s Babol.
l 29	27	je	s Cresce
ma	28	v	s Irénée
	29	sa	s Pi. s P.
	30	D	Co. s P.

A Paris, chez TIGER, Imprimeur-Libraire, rue du Petit-Pont, No. 10, au Pilier Littéraire.

1811

JUIL. ♌

Phase	Jour	Saint
	1 lu	s Martia
	2 m	V. N. D.
	3 m	s Anatol
P.l. ☉ l 6 ma.	4 je	T. s M.
	5 v	s Valère
	6 sa	s tranqu
	7 D	s Aubie
	8 lu	s Aquilas
	9 m	s Cyrille
D.q ☾ l 12 soir	10 m	7 F. M.
	11 je	Tr. s B.
	12 v	s Gualb
	13 sa	s Turiaf
	14 D	s Bonav
	15 lu	s Henri
	16 m	N D d C
	17 m	s Sperat
N.l ● l 20 ma	18 je	s Clairé
	19 v	s Vincen
	20 sa	se Marg
	21 D	s Victor
	22 lu	se Magd
	23 m	s Apolli
	24 m	se Chris
	25 je	s J. Ch.
P.q ☽ l 28 soir	26 v	Tr. s. M
	27 sa	s Pantal
	28 D	se Anne
	29 lu	s Marth
	30 m	s Abdon
	31 m	s Germ.

AOUT. ♍

Phase	Jour	Saint
P.l ☉ l 4 soir	1 je	s Sophie
	2 v	s Etienn
	3 sa	In. Etie
	4 D	s Domi.
	5 lu	Sus se C
	6 m	T. N. S.
	7 m	s Gaëtan
	8 je	s Justin
D.q ☾ l 11 ma.	9 v	s Spire
	10 sa	s Lauren
	11 D	Su. s Co
	12 lu	se Claire
	13 m	s Hypol
	14 m	Vig. jeû
	15 je	AS. s Na.
N.l ● l 19 ma.	16 v	s Roch
	17 sa	s Mam
	18 D	s Hélèn
	19 lu	s Louis
	20 m	s Bernar
	21 m	s Privat
	22 je	s Simph
	23 v	s Thimo
	24 sa	s Barthe
	25 D	s Louisr
P.q ☽ l 27 mat	26 lu	s Zéphir
	27 m	s Césaire
	28 m	s Augus
	29 je	s Méder
	30 v	s Fiacre
	31 sa	s Ovide

SEPTEMB. ♎

Phase	Jour	Saint
P.l ☉ l 2 soir	1 D	s Le. s G.
	2 lu	s Lazare
	3 m	s Grégoi
	4 m	se Rosal
	5 je	s Bertin
	6 v	s Onézip
D.q ☾ l 9 soir	7 sa	s Cloud
	8 D	N a de N
	9 lu	s Omer
	10 m	s Nicol
	11 m	s Patient
	12 je	s Serdot
	13 v	s Mauril
	14 sa	Ex. s Cr
N.l ● 17 soir	15 D	s Nicom
	16 lu	se Euphé
	17 m	s Lamb.
	18 m	4 tems
	19 je	s Janvie
	20 v	s Eust.
	21 sa	s Mathi
	22 D	s Mauri.
P.q ☽ l 25 soir	23 lu	se Thècl
	24 m	s Andoc
	25 m	s Firmin
	26 je	se Justi
	27 v	s Côme
	28 sa	s Céran
	29 D	s Michel
	30 lu	s Jérôm

OCTOBRE. ♏

Phase	Jour	Saint
P.l ☉ l 2 ma	1 m	s Remi
	2 m	ss ang. g
	3 je	s Den a.
	4 v	s Franç.
	5 sa	se Aure
	6 D	s Bruno
D.q ☾ l 9 ma	7 lu	s Serge
	8 m	ste Brig.
	9 m	s Denis
	10 je	s Géréo
	11 v	s Nicais
	12 sa	s Vilfrid
	13 D	s Géran
N.l ● l 17 soir	14 lu	s Caliste
	15 m	se Thérè
	16 m	s Gal ab
	17 je	s Cerbon
	18 v	s Luc év
	19 sa	s Savini.
	20 D	s Sendo
	21 lu	se Ursul
P.q ☽ l 25 ma	22 m	s Mellon
	23 m	s Hilario
	24 je	s Maglo
	25 v	s Crépin
	26 sa	s Rustiq
	27 D	s Frum.
P.l ○ l 31 soir	28 lu	s Si. s Ju
	29 m	s Faron
	30 m	s Lucain
	31 je	vi. jeû.

NOVEMB. ♐

Phase	Jour	Saint
	1 v	TOUSS
	2 sa	trépass.
	3 D	s Marce
	4 lu	s Charles
	5 m	se Bertil
D.q ☾ l 8 ma	6 m	s Léonar
	7 je	s Villebr
	8 v	stes Rel.
	9 sa	s Mathu
	10 D	s Léon p
	11 lu	s Martin
	12 m	s Vrain
	13 m	s Brice
N.l ● l 16 ma	14 je	s Laure
	15 v	s Maclo
	16 sa	s Edme
	17 D	s Agnan
	18 lu	s Mandé
	19 m	se Elisab
	20 m	s Edmo
P.q ☽ l 23 ma	21 je	paé. N D
	22 v	se Cécil
	23 sa	s Cléme.
	24 D	s Severi
	25 lu	se Cathe
	26 m	se Gen.
	27 m	ss Vit. A
P.l ☉ l 30 ma	28 je	s Sosthé
	29 v	s Satu. vj
	30 sa	s André

DECEMB. ♑

Phase	Jour	Saint
	1 D	l'*Avent*
	2 lu	s Fr. X.
	3 m	s Anthé.
	4 m	se Barbe
D.q ☾ l 7 ma	5 je	s Sabas
	6 v	s Nicol
	7 sa	se Fare
	8 D	*Concept*
	9 lu	se Gorg
	10 m	se Valer
	11 m	s Fusci.
	12 je	s Dama
N.l ● l 15 soir	13 v	ste Luce
	14 sa	s Nicais
	15 D	s Mesm
	16 lu	se Adela
	17 m	se Olym.
	18 m	4 *tems.*
	19 je	s Meuris
P.p ☽ l 22 soir	20 v	s Philog
	21 sa	s Thom
	22 D	s Ischyr
	23 lu	ste Vict.
	24 m	v. *jeûn*
	25 m	NOEL
	26 je	s Etienn
	27 v	s Jeané
P.l ☉ l 29 soir	28 sa	ss Innoc
	29 D	s Thom.
	30 lu	s Roger
	31 m	s Sylves

A Paris, chez TIGER, Imprimeur-Libraire, rue du Petit-Pont, No. 10, au Pilier Littéraire.

<table>
<tr><td colspan="3">NOVEMB. ♐</td><td colspan="3">DECEMB. ♑</td></tr>
<tr><td></td><td>1 v</td><td>TOUSS</td><td></td><td>1 D</td><td>l'Avent</td></tr>
<tr><td></td><td>2 sa</td><td>trépass.</td><td></td><td>2 lu</td><td>s Fr. X.</td></tr>
<tr><td></td><td>3 D</td><td>s Marce</td><td></td><td>3 m</td><td>s Anthê.</td></tr>
<tr><td></td><td>4 lu</td><td>sCharles</td><td></td><td>4 m</td><td>se Barbe</td></tr>
<tr><td>D. q</td><td>5 m</td><td>se Bertil</td><td>D. q</td><td>5 je</td><td>s Sabas</td></tr>
<tr><td>☾</td><td>6 m</td><td>s Léonar</td><td>☾</td><td>6 v</td><td>s Nicol</td></tr>
<tr><td>1 8</td><td>7 je</td><td>s Villebr</td><td>1 7</td><td>7 sa</td><td>se Fare</td></tr>
<tr><td>ma</td><td>8 v</td><td>stes Rel.</td><td>ma</td><td>8 D</td><td>Concept</td></tr>
<tr><td></td><td>9 sa</td><td>s Mathu</td><td></td><td>9 lu</td><td>se Gorg</td></tr>
<tr><td></td><td>10 D</td><td>s Léon p</td><td></td><td>10 m</td><td>se Valer</td></tr>
<tr><td></td><td>11 lu</td><td>s Martin</td><td></td><td>11 m</td><td>s Fusci.</td></tr>
<tr><td></td><td>12 m</td><td>s Vrain</td><td></td><td>12 je</td><td>s Dama</td></tr>
<tr><td>N. l</td><td>13 m</td><td>s Brice</td><td>N. l</td><td>13 v</td><td>ste Luce</td></tr>
<tr><td>●</td><td>14 je</td><td>s Laure</td><td>●</td><td>14 sa</td><td>s Nicais</td></tr>
<tr><td>1 16</td><td>15 v</td><td>s Maclo</td><td>1 15</td><td>15 D</td><td>s Mesm</td></tr>
<tr><td>ma</td><td>16 sa</td><td>s Edme</td><td>soir</td><td>16 lu</td><td>se Adela</td></tr>
<tr><td></td><td>17 D</td><td>s Agnan</td><td></td><td>17 m</td><td>sc Olym.</td></tr>
<tr><td></td><td>18 lu</td><td>s Mandé</td><td></td><td>18 m</td><td>4 tems.</td></tr>
<tr><td></td><td>19 m</td><td>se Elisab</td><td></td><td>19 je</td><td>s Meuris</td></tr>
<tr><td>P. q</td><td>20 m</td><td>s Edmo</td><td>P. p</td><td>20 v</td><td>s Philog</td></tr>
<tr><td>☽</td><td>21 je</td><td>PRÉ. N D</td><td>☾</td><td>21 sa</td><td>s Thom</td></tr>
<tr><td>1 23</td><td>22 v</td><td>se Cécil</td><td>1 22</td><td>22 D</td><td>s Ischyr</td></tr>
<tr><td>ma</td><td>23 sa</td><td>s Cléme</td><td>soir</td><td>23 lu</td><td>ste Vict.</td></tr>
<tr><td></td><td>24 D</td><td>s Severi</td><td></td><td>24 m</td><td>v. jeûn</td></tr>
<tr><td></td><td>25 lu</td><td>se Cathe</td><td></td><td>25 m</td><td>NOEL</td></tr>
<tr><td></td><td>26 m</td><td>se Gen.</td><td></td><td>26 je</td><td>s Etienn</td></tr>
<tr><td>P. l</td><td>27 m</td><td>ss Vit. A</td><td></td><td>27 v</td><td>s Jean é</td></tr>
<tr><td>☉</td><td>28 je</td><td>s Sosthé</td><td>P. l</td><td>28 sa</td><td>ss Innoc</td></tr>
<tr><td>1 30</td><td>29 v</td><td>s Satu. vj</td><td>1 29</td><td>29 D</td><td>s Thom.</td></tr>
<tr><td>ma</td><td>30 sa</td><td>s André</td><td>soir</td><td>30 lu</td><td>s Roger</td></tr>
<tr><td></td><td></td><td></td><td></td><td>31 m</td><td>s Sylves</td></tr>
</table>

Nº. 10, au Pilier Littéraire.